실존과 신앙, 이 두 가지는 떼려야 뗄 수 없는 관계입니다. 그러나 현실에서는 신앙 없는 실존의 허무함과 그 정반대의 초긍정을 봅니다. 실존 없는 신앙의 유체이탈과 자기 세뇌는 말할 것도 없습니다. 실존과 신앙을 이어 주는 것은 정직한 사유입니다. 이 책을 읽으면서 실존, 신앙, 그리고 사유라는 단어가 계속 맴돌았습니다. 어느 하나 허투루 읽어 버릴 수 없었습니다. 저자는 스스로의 실존에서 마주친 물음을 성경이라는 깊은 물에 담가 사유 깊은 신앙으로 길어 올립니다. 그래서 이 책은 빠르게 읽히지 않습니다. 독자로 하여금 저자의 사유의 속도를 따라가며 사유하게 만들기 때문입니다. 침대 머리맡에 놓고 하루에 한두 장씩 곱씹어 읽을 책입니다.

김형국_ 하나복DNA네트워크 대표 목사

우리는 모두 앞선 세대를 보고 자랐습니다. 그들의 오류와 실수를 극복하려 하지만 그들의 후예임을 부인할 수는 없습니다. 모두가 자기 세대를 살게 마련입니다. 출판의 업(業)도 스스로 쇄신을 꾀하지만 세대의 한계를 좀체 벗어나기가 어렵습니다. 그렇게 경험과 세계를 공유하는, 다르지만 비슷한 꿈을 꾸는 이 업계에 새로운 변이가 나타났습니다. 젊음 자체가 새로움을 담보하는 건 아니지만 확실히 그는 젊고 새롭습니다. 누구나 자신이 선 곳에서 세상을 조망하고 말 걸기를 시도하는 것일 텐데, 그가 선 자리는 우선 젊다는 데서 우리 세대와의 차이가 두드러집니다. 어떤 경우에도 젊음은 그 자체로 매력적이고 그 젊음이 그려 내는 세계도 그래서 관심하며 들여다보게 됩니다. 이 책에서 확인하는 그가 서 있는 또 하나의 자리는 경계선상입니다. 이곳과 저곳, 한계와 자유, 하늘과 땅 사이의 경계에서 그는 조망하고, 그곳에 서 있는 자기 자신을 발견합니다. 어떤 진영에 속한다고 진리의 편에 선 것이 아니듯 경계에 선 것만으로 미덕이라 할 수는 없습니다. 하지만 그는 예리한 관찰자의 시선과 차마 다 말 못 하는 시인의 마음으로 경계에 서서 자신과 세상을 살피고 있습니다. 독자 또한 그와 더불어 경계의 사람이 되어 인생과 자신을 둘러싼 세계를 살피게 될 것입니다. 섬세하게 쓰인 에세이를 읽는다 싶었는데 읽다 보니 조심스럽게 건네는 대화, 정교한 설교가 펼쳐지는 자리에 있는 듯합니다. 그리고 보니 그는 한 공동체를 섬기는 목회자이기도 하다는 사실이 떠올랐습니다. 경계에 선 젊은 출판인이자 목회자이기도 한 그의 글과 책과 삶이 앞으로 어떤 노정을 그리며 나아갈지 자못 궁금해집니다. 글 속의 어느 분이 한 권면처럼, 그 여정을 "열심히 말고 즐겁게" 그려 가기를 기대해 봅니다.

박명준_ 바람이 불어오는 곳 대표

저자는 삶과 죽음, 예와 아니오가 혼란스럽게 뒤엉킨 실존의 자리에서 스스로의 삶과 현실을 치열하게 성찰하고, 그 결과를 '쉼'에서 '믿음'에 이르는 서른네 꼭지의 에세이에 담았습니다. 저자가 도달한 결론은 고전적인 '복음'의 범주를 크게 벗어나진 않습니다. 그러나 이 책을 펼친 독자들은 너무 익숙해 어쩌면 식상하게 느껴졌을 '복음'이 저자의 사유와 묵상을 거치며 새롭고 신선한 얼굴로 자신들과 마주하고 있음을 깨닫게 될 것입니다. 그리고 하나님이 인간을 즐겨 만나주시는 곳은 견고하고 안전한 진리의 성채 안이 아니라 거칠고 불안한 변방과 경계의 자리임을 알게 될 것입니다. 이 매력적인 책이 아직 복음을 접하지 못한 분들에게는 낯선 하나님과 만나는 '회막'이 되고, 복음에 식상한 그리스도인에게는 안온한 종교 놀이터에 떨어진 '폭탄'이 되길 바랍니다.

정한욱_『믿음을 묻는 딸에게, 아빠가』 저자

경계 위 그리스도인
– 불안이 낳은 묵상 –

경계 위 그리스도인

불안이 낳은 묵상

최병인

지우

| 차례 |

11	프롤로그_ 릴케의 시선
16	쉬는 게 불안해서
21	들어오는 사랑
26	한계 아래서
35	0.65, 우리의 실존은 누가 대변해 줄 것인가
40	기독교(그리스도교)
46	더불어 악마 예배도 가져야 해
52	수렁 너머의 하나님
58	글은 해명이 아니었다
63	계시의 종교
70	성경
78	몸
81	사랑의 여정
89	하나님
97	너희는 나를 누구라고 하느냐
104	예수의 정치학
113	예수를 구원하려는 시도
116	이중직, 유령에서 사람으로
123	낯섦의 사랑

127	십자가
136	예수의 마지막 말
143	부활
152	…32…
157	약한 인간
163	끄트머리
170	확신의 실수
177	나를 쓰러뜨리소서
181	인간, 하나님의 형상
188	초연(超然)
191	청년은 돌아오지 않을 것이다
197	아프면 가족이 된다고
201	개인인가, 공동체인가
208	성령
217	흔들리는 공간에서
226	믿음
233	에필로그_ 예수의 품

불안이 낳은 묵상

프롤로그_ 릴케의 시선

사람들은 살기 위해서 이 도시로 모여든다. 하지만 내게는 도리어 죽기 위해 모인다는 생각이 든다.

얼마 전 릴케의 이 문장이 이유 없이 떠올랐다. 서점에 들러 이승우의 『한낮의 시선』을 폈는데 공교롭게도 이 문장이 첫 장에 적혀 있었다. 아직 소설을 다 읽지 않아서 어떤 의도로 저자가 이 문장을 인용했는지는 알 수 없었다. 하지만 그동안 이승우의 글들을 읽어 온 나이기에, 색 바랜 『말테의 수기』를 줄곧 들고 다니는 나이기에 감히 문장의 의미를 성급하게 끌어당길 수 있었다.

릴케는 20세기 파리에 머물렀다. 그는 파리의 낭만과 신화를 동경하기보다는 대도시 이면에 감춰져 있는 사람들의 고독과 불안을 보았다. 하지만 사람의 판단과 끌림이 언제나 일치할 수 없듯 릴케 또한 파리를 욕망했다. 그러니 그곳에 있었겠지. 어쩌면 살기 위한 사람들의 죽음의 역설을 간파할 수 있었던 릴케의 혜안은 그곳에 있음으로 비롯된 게 아니었을까.

살기 위함과 죽기 위함의 바보스러운 공존은 파리로 예시되는 특정 공간 안에서만 일어나는 현상이 아니다. 이 상극의 모순은 오히려 자연스러운 인간의 조건이기도 하다. 우리는 모두 살아감으로써 죽음에 다가간다. 사는 건 곧 죽어 가는 것이다. 이러한 존재의 변증법을 릴케가 몰랐던 것은 아니다. 그는 한 병동을 거니는 임산부를 가리켜 그녀가 죽음을 잉태했다고 말했다. 릴케는 알고 있었다. 파리의 모순과 인간의 모순이 무척 닮았다는 사실을.

릴케와 파리, 상극의 모순과 존재의 변증법이 웬 말이냐고 물을 수도 있다. 예상치 못하게 나를 자극한 낯선 것들이 처음에는 뜬금없어 보일 때가 있지만, 사실은 내가 나도 모르게 사로잡은 온당한 영감일 때가 많다. 신학을 공부하고 있는 이가 할 말은 아니지만, 간혹 계시의 주체가 이곳은 아닐까 하는 발칙한 상상을 하곤 한다.

팬데믹 당시, 새 일을 시작하려는 나의 소식을 듣고 정녕 죽고 싶냐고 여러 사람이 물었다. 매번 인질처럼 죽고 싶지 않다고 대답했다. 이따금 들려온 긍정의 말은 의심스러웠고 부정의 말은 비수로 꽂혔다. 마음이 복잡할 때면 우습지만 이쪽 일을 전혀 모르는 사람을 붙잡고 나의 포부를 전부 쏟아부었다. 일 년에 책을 최대 두 권 읽는 아내의 막연한 응원은 나를 생동하게 했다. 나는 출판사를 시작했고, 이름을 '뜰힘'이라고 지었다. 부력과 같은 의미다. 애쓰지 않아야 물에 뜨는 자연스러운 힘. 나는 은총이 필요한 사람이다.

나의 주위는 디멘터들로 가득하다. 그들은 사람의 행복을 빨아들이고 절망을 느끼게 함으로써 생을 유지한다. 그들의 임무는 단순히 사람을 좌절하게 만드는 것이 아니라, 균형을 잃게 하는 데 있다. 디멘터들은 내가 무언가를 시작하는 데 있어 존재의 변증법적 균형을 무너뜨린다. 행복을 상실한 사람은 지나치게 행복을 갈구함으로써 불행하다. 반대로 절망한 사람은 지나치게 절망에 집중함으로써 불행하다. 삶을 살아가다 보면 꾸준히 상극의 소리가 들려온다. 그 두 소리의 간격이 얼마나 넓은지 극심한 멀미가 일기도 한다. 그럴 때 필요한 게 바로 릴케의 시선이 아닐까. 생과 죽음, 긍정과 부정이 한데 엉켜 병동을 거닐던 릴케가 마주한 임산부를 떠올린다. 이 한 무더기의 글은 신앙의 길을 위태롭게 걸으며 모아 둔 나의 찬란한 파편들이다. 우리는 모두 하늘과 땅의 사잇길을 걷는 나그네다.

이 책은 아마도 나의 인생에서 가장 흔들렸던, 동시에 가장 간절했던 시절의 기록으로 남게 될 것이다. 신학대학원에서 신학을 공부하며, 서른 명의 청소년과 우정과 사랑을 나누며, 새벽마다 책을 만들며 마주한 하나님이 지면에 담겨 있다. 이 책의 글들 중 일부는 미주뉴스앤조이 칼럼에 게재되었으며, 다른 일부는 나들목양평교회 주채움 공동체와 함께 호흡하며 집필되었다.

감사를 표현하고 싶은 분들이 있다. 먼저 나의 첫 번째 단행본을 아름답게 가꾸어 주신 지우 출판사에게 감사를 드린다. 그리고 나의 은사이신 정성국 교수님에게 이루 말할 수 없는 감사와 존경을 드린다. 그분의 가르침이 없었다면 나는 신학을 할 수도, 책을 만들 수도 없었을 것이다. 또한 평생토록 헌신과 사랑을 보여 주신 아버지와 어머니에게도 감사를 전한다.

끝으로 영원한 친구이자 애인 박근희와 아들 최유현에게 이 책을 드린다.

2025년, 여름
최병인

쉬는 게 불안해서

미국인의 약 10% 이상이 경험한 적 있는 속도공포증(Tachophobia)은 빠르게 움직이는 것과 관련한 과거의 트라우마에서 비롯되는데, 속력으로 인해 물리적-정신적 피해를 입은 사람들이 겪는 불안 증상이다. 몇 개월 전 나는 당혹한 일을 경험했다. 집과 약 80킬로미터 거리에 떨어진 교회에 출근하기 위해 운전대에 앉았는데, 몸이 그 상태로 얼어붙어 도무지 액셀러레이터에 발을 놓을 수 없었다. 고속도로를 세차게 달려야 하는 금방의 미래를 상상하니 알 수 없는 두려움이 엄습했다. '과연 달릴 수 있을까?'라는 초라한 생각이 들었다. 일부러 히터와 열선 시트를 켜고 몸의 긴장을 풀어 주었다. 크게 심호흡을 하고 혼잣말을 했다. '하나님 저 괜찮은 거 맞죠?' 그런데 이상했다. 속도공포증은 과거에 겪은 사건의 트라우마와 관련한 증상인데, 나는 교통사고와 같은 일을 당한 적이 없다. 그렇다면 나의 몸은 왜 속력에 위협을 느꼈던 것일까.

 원인이 불분명한 두려움을 경험한 뒤 얼마 지나지 않아 내 몸의 낯선 증상을 또 하나 발견했다. 빼곡한 업무를 소화하던 중 틈새 시간이 생겨서 잠시 바깥으로 나와 벤치에 앉았다. 그런데 불안이 밀려와 가만히 자리에 머무는 것이 어려웠다. 멈추어 있다 보니 나의 심장 박동이 거세게 느껴졌다. 그래서 장소를 이리저리 옮겨 다녔다. 평소 같으면 눈을 지그시 감고 몸을 이완했을 텐데 그날은 그렇게 하지 못했다. 빠른 속도로 움직이고 있을 때는 모르다가 멈추면 그제야 멀미가 밀려오는 현상과 흡사했다. 정상적이지 않은 이 증상에 대해 진지하게 고민했다. 나는 심장 소리에 불안을 느꼈고, 몸을 움직일 때는 불안하지 않았다.

 사실 심장 소리는 가장 순수한 신호다. 초등학생 때 아버지가 집에 청진기를 사 들고 오신 적이 있다. 아마도 학교 숙제 때문이었던 것 같다. 나는 틈만 나면 청진기를 꺼내서 집음부를 왼쪽 가슴에 두고 한참 동안 심장 소리를 듣곤 했다. 그러다가 잠이 들 때도 많았다. 심장 소리는 정말 편안했다. 그런데 어른이 된 나는 왜 심장 소리를 듣지 못하는 것일까. 심장 소리는 그 누구의 소리도 아닌 나의 소리다. 나를 지칭하는 수많은 명사들 너머에 있는 진짜 나의 소리. 그 근원의 소리가 들려 올 때는 언제인가. 그 어느 것으로도 환원할 수 없는 순수한 나 자신과 조우하는 순간이다. 나는 그 순간을 받아들일 힘을 가지지 못했다. 나의 존재를 직면하는 것이 민망했다. 나의 존재가 내뿜는 원초적 소리를 듣는다는 게 왠지 모르게 부끄러웠다.

나는 너무 바빴다. 아무도 요구하지 않았지만, 스스로 바쁜 사람이 되었다. 때로는 멈추어야 하는데, 멈추는 법을 잊고 살았다. 불안 때문에 그런 것일까. 아니면, 단순히 성격의 문제인 걸까. 무언가를 지속하고 있지만, 끝내 지속 가능하지 않은 삶을 살고 있는 딜레마에 빠진 나를 발견했다. 사진학을 공부하면서 나름 깨닫게 된 미학이 있다. 좋은 사진 결과물을 만들기 위해서는 프레임 속 피사체를 더하는 데 집중하기보다는, 되도록 피사체들을 프레임 바깥으로 빼내는 데 집중해야 한다는 사실이었다. 예술의 완성도를 좌우하는 것은 제거와 단순함이다. 이 원리는 삶의 영역에 있어서도 마찬가지일 때가 많다. 무한대로 추가되는 일상, 단순하지 않은 일상, 곧 손에 잡히지 않는 복잡한 일상은 삶의 완성도를 망가뜨린다.

삶을 단순하게 만들기 위해서 나에게 필요한 건 다름 아닌 안식이었다. 다소 어렵게 느껴질 만한 단어, 안식은 풀어 말해 쉼을 뜻한다. 쉼은 능동적이고 주체적인 행위다. 우리는 막연하게 일을 능동적이고 주체적인 행위로 간주하지만 실상은 그렇지 않다. 보통 우리는 일을 장악하기보다 일에 장악당하며 산다. 일을 하는 것보다 일을 멈추는 게 어려운 세상이다. "나 오늘 쉴 거야"라고 당차게 말해 본 적이 도대체 언제인지 잘 떠오르지 않았다. 누군가 나에게 "쉬었니?"라고 물을 때면 종종 불분명하게 대답하곤 했다. "응, 조금 쉰 것 같아"라고. 사실 그건 쉰 게 아니라 퍼진 거였다. 나는 쉼을 '당하며' 사는 사람이었다. 그건 올바른 쉼이 아닌데도 나는 그걸 쉼이라고 여기며 살았다.

올바른 안식(쉼)을 할 수 있는 사람은 오히려 삶의 주도권을 꽉 쥔 사람이 아닐까 생각해 본다. 기꺼이 쉴 수 있는 태도는 이미 그 사람이 살아가는 삶의 완성도를 보여 준다. 「창세기」는 하나님이 6일 동안 세계를 창조하고 7일이 되는 날, 안식했다고 말한다. 하나님은 그 어려운 능동적 안식을 감행하셨다. 창조와 안식의 순환은 의미심장하다. 창조가 안식으로 이어지고 그 안식이 다시 창조를 유지하고 발전시킨다. 이를 묵상할 때면 안식의 창조성에 참여하고 싶은 마음이 더없이 커진다.

이러한 말들을 가정 교회 식구들에게 전부 나누었다. 그간 쉬는 게 불안했다고. 하지만 이제는 안식을 연습해 보려 한다고. 옆에 앉은 권사님이 내 손을 꼭 잡아 주시면서 잘하고 있으니 걱정할 것 하나 없다고 말씀해 주셨다. 나는 여전히 부족한 대답을 했다. 또 '열심히' 해 보겠다고 헛된 긍지를 다진 나에게 권사님은 다시 말씀하셨다. "열심히 말고 즐겁게…."

들어오는 사랑

그(그녀)가 나에게 특별한 존재가 된다는 건 신비로운 일이다. 이전까지 들리지 않던 목소리가 들리고, 시선 밖에 있던 움직임이 보이고, 공감할 수 없던 아픔이 느껴진다. 그렇다고 그(그녀)가 나의 특별한 존재가 되었다고 해서 떠들썩할 명분은 없다. 여전히 그(그녀)는 다른 이들에게 특별하지 않은 존재이기 때문이다. 사랑은 배타성을 가지고 있다. 그것은 사랑이 관계적이기 때문이다. 관계의 양과 시간의 양은 비례하는데, 유한한 인간은 시간(관계)을 분배할 수밖에 없는 한계 아래 살아간다. 여기서 시간을 사용하면 저기서 관계를 얻지 못한다. 그래서 무한한 관계성을 유지하고자 하는 사람이 결국 그 목적을 성취하지 못하고 지쳐 버리는 것이다. 관계적 사랑이 현실 속에서 배타적일 수밖에 없는 이유는 우리와 우리가 사는 세계가 유한하기 때문이다. 우리는 모두 사랑하는 것에 시간을 들인다.

주변을 돌아보면 배타적 사랑을 폭력적 사랑으로 이해하는 이들이 있다. 아마도 극진한 사랑으로 인해 발생할 수 있는 폐쇄성을 경계하는 것일 테다. 사실 사랑은 문을 여는 행위보다 닫는 행위에 가깝다. 연인이 방문을 걸어 잠그는 일을 폭력적이라고 말할 수는 없다. 세상에 폭력이 발생하는 것은 사랑의 배타성 때문이 아니다. 도리어 사랑의 배타적 현실을 받아들이지 않기 때문이다. 연인이 함께 있는 그 문을 강제로 열고 방 안으로 들어가려고 할 때 폭력이 발생한다. 물론 연인은 때때로 문 밖을 나와 각자의 세계를 산다.

사랑은 상대적이고 관계적인 힘이기에 보편적인 힘으로 묘사할 수 없다. 사랑은 각자의 것이다. 한 사람을 사랑하는 여럿이 있다고 치자. 그들은 하나의 사랑을 하는 것이 아닌, 모두 각자의 사랑을 하고 있다. 그러기에 사랑에 빠졌다는 표현은 틀렸다. 사랑은 거점이 아니다. 블랙홀처럼 제자리에서 우리를 흡수하지 않는다. 오히려 약동하다가 내부로 들어온다. 마치 에로스의 화살처럼. 사랑은 존재 바깥에서 자신의 힘을 행사하지 않는다. 만일 사랑이 외부에서 우리를 매료하거나 끌어당기는 힘이라면, 그것은 유혹이나 포섭에 가깝다. 사랑은 규범이 아닌 의지를 도구로 삼는다. 그래서 사랑은 우리의 존재 안으로 들어오는 것이다.

소설가 이승우는 들어오는 사랑에 관해 말한다.

> 어느 순간 사랑은 문득 당신 속으로 들어오고, 그러면 당신은 도리 없이 사랑을 품은 자가 된다. 사랑과 함께 사랑을 따라 사는 자가 된다. 사랑이 시키고 원하는 일을 하는 사람이 된다. 그러니까 사랑에 빠졌다는 식으로 말하지 말라. 사랑이 당신 속으로 들어올 때 당신은 불가피하게 사랑하는 사람이 된다(이승우, 『사랑의 생애』, 위즈덤하우스).

기독교는 올바른 사랑의 종교다. 사랑은 논리의 그릇에 담기지 않는다. 반대로 사랑이 논리의 그릇이다. 앎이 사랑을 뒤따른다. 비록 어느 정도의 앎을 지니고 있었을지라도, 사랑이 발생해야 그 간직한 회색빛의 앎이 의미로 채색된다. 사도 바울은 다른 용어를 사용함으로써 사랑의 우선성을 말했다.

우리 주 예수 그리스도의 하나님이신 영광의 아버지께서 지혜와 계시의 영을 여러분에게 주셔서 하나님을 알게 하시고(엡 1:17).

지혜와 계시의 영이 주어져야만 앎의 과정이 본격적으로 시작된다. 들어오는 사랑을 경험한 이는 자만할 수 없다. 우월할 수도 없다. 얻어낸 것이 아닌, 사랑을 받았기 때문이다. 사랑한 것이 아닌, 사랑하게 된 것이기 때문이다. 외부로부터 들어온 사랑에 의존하여 의지를 발휘하는 것이 기독교의 사랑이다.

들어온 사랑에 대한 인식은 다원화된 사회에서 절실하게 필요한 감각이다. '쟁취한 구원, 얻어 낸 구원, 구원의 확신'이라는 기독교의 익숙한 어휘들은 가녀린 주관주의에서 비롯한다. 사랑의 창시자를 자신이라고 확신하는 이, 감추어진 사랑을 스스로 발견했다고 외치는 이, 사랑의 마지막 동아줄을 자신이 부여잡고 있다고 믿는 이는 끝내 소진하고 만다. 그리고 사랑의 대상을 끝내 원망하는 수렁에 빠지게 된다. 이웃을 원망하고, 하나님을 원망하게 된다. 일방적 사랑의 왜곡된 배타성은 이렇게 발휘된다. 참된 사랑은 관계 안에서 배타성을 드러낼 뿐, 관계 밖에서는 자유를 보장한다. 사랑을 할 권리가 배타성을 낳고, 사랑에 대한 존중이 자유를 낳는다. 내가 사랑의 주인이 아닌, 사랑이 나의 주인이기 때문이다.

한계 아래서

여호와의 말씀이니라. 너희가 나를 두려워하지 아니하느냐. 내 앞에서 떨지 아니하겠느냐. 내가 모래를 두어 바다의 한계를 삼되 그것으로 영원한 한계를 삼고 지나치지 못하게 하였으므로 파도가 거세게 이나 그것을 이기지 못하며 뛰노나 그것을 넘지 못하느니라(렘 5:22).

한계를 마주할 때 우리가 가장 먼저 통과하는 문은 좌절이다. 한계가 좌절로 들어서는 입구라면, 좌절의 출구에는 자유가 있다. 어쩔 수 없이 시공간의 순서로 묘사하다 보니 이 세 가지의 경계가 또렷한 듯하지만, 사실 '한계, 좌절, 자유'의 경계는 수채화로 채색된 듯 교차된 영역이 흐릿하다. 만약 우리가 겪는 이 세 실존의 경계가 굵은 선으로 그어져 있다면, 우리는 미리 대비할 수 있을 것이다. 하지만 그런 선은 존재하지 않기 때문에 우리는 갑작스럽게 내몰린다. 일상을 살다가 갑작스러운 한계를 마주한 우리는 갑작스럽게 좌절하여 끝도 없이 추락하다가 갑작스러운 상승, 곧 자유로 나아간다. 나는 이러한 경험을 줄곧 겪으면서 한계라는 것이 마치 인간에게 의도되어 있고 계획되어 있는 것은 아닌가 하는 생각을 갖게 되었다. 돌이켜 보면 한계는 도무지 익숙해지지 않았다. 매번 새롭게 나를 위기로 몰아넣었기 때문이다. 하지만 인정할 수밖에 없는 것은 한계가 언제나 나를 더 나은 곳으로 이끌었다는 사실이다.

그렇다면 한계는 무엇이기에 우리를 이토록 힘들게 만드는 것일까. 한계는 우리가 가지고 있는 막연한 모험 의지를 무참히 꺾어 버린다. 한계는 도무지 넘어설 수 없는 높은 장벽과 같다. 한계를 끝없이 넘어서려는 인간은 땅에 발을 붙이지 못한 채 공중을 부유할 따름이다. 한계를 마주하기 전까지 인간은 땅에서 일어나는 실제 이야기들에 참여하지 못한 채, 하늘 위에서 땅을 내려다보며 위태로운 곡예를 할 뿐이다. 그렇기 때문에 한계를 마주한다는 것은 착륙하는 행위다. 여기서 오해가 발생해선 안 된다. 한계를 인정하는 일을 불의한 억압을 받아들이는 일과 동일시해선 안 된다. 한계는 각자가 판단해야 할 끝자락이다. 누군가 대신 규정한 한계를 나의 한계로 받아들이는 것은 억압이다. 억압에는 한계의 목적인 자유가 보장되지 않는다. 성경에는 한계와 좌절을 통과함으로써 자유를 얻은 인물이 여럿 등장한다. 야곱, 욥, 삭개오, 바울과 같은 인물들은 자신이 처한 한계를 하나님에게 가지고 감으로써 비로소 그 문제를 끌어안게 되었고 자유를 얻게 되었다. 그러니까 그리스도인에게 있어서 한계를 받아들인다는 것은 하나님과 함께 나의 이야기가 있는 땅으로 착륙하는 행위다.

현대 사회는 비록 노골적으로 표현하지는 않지만 한계를 받아들이는 행위를 실상 실패로 여긴다. "나의 한계는 여기까지입니다"라고 말하는 사람과 일하기를 꺼려 한다. 그를 독려하는 것을 시간 낭비로 여긴다. 무한대의 동력을 가진 동료를 원하고, 스스로도 그런 사람이 되려고 애쓴다. 하지만 유한한 존재 안에 무한한 힘은 본래 자리할 수 없다. 그런데도 우리는 매일같이 한계의 장벽을 뛰어넘으려고 카페인의 열기로 몸을 달구며 살아간다. 피로함이 명예가 되어 버린 사회는 어른들만의 이야기가 아니다. 학생들도 마찬가지다. 아침 7시에 등교해 자정이 넘은 시간이 되어서야 스터디 카페 밖을 나와 집으로 돌아간다. 아이들에게도 공부는 카페인 곁에 있어야 가능한 일이 되었다. 교회에서 아이들과 이야기를 나누다 보면 우리 사회 공동체가 어른 아이 불문하고 이들을 끝없이 달리게 만든다는 생각이 든다. 심지어 주위를 둘러볼 수도 없는 속력으로 달리게 한다. 어느 날 한 아이에게 연락이 왔다. 아침에 일어났는데 학교 갈 힘이 도저히 나질 않아서 하루 종일 침대에 누워 있었단다. 번아웃이다. 마지막 심지까지 전부 타 버려야 멈출 수 있는 사회다. 아이들에게도 공부는 한계가 정해져 있지 않은 노동이 된 것이다.

조나단 말레식은 자신의 저서인 『번아웃의 종말』에서 현대인의 노동 환경을 이렇게 비판한다.

> 오늘날의 노동 이데올로기에서는 당신의 성취가 아니라, 다음번 성취를 향한 끝없는 노력이 훨씬 중요하다 (조나단 말레식, 『번아웃의 종말』, 메디치미디어).

그의 말처럼 우리는 끝이 없는 사회를 살아가고 있

다. 실제로 한계가 없는 사회를 벅차게 따라가고 있는 어른들은 아이들에게 건넬 수 있는 말을 가지고 있지 않다. 그리고 아이들도 어른들에게 더 이상 궁금해하지 않는다. 끝이 없다는 것을 모두가 알고 있다. 한계를 예비하지 않은 상태에서 얻게 된 현재의 성공은 기쁨보다 두려움을 준다. 현재의 성취가 다음을 보장하지 않기 때문이다.

한계를 받아들인다는 것이 인간의 존엄을 구한다는 사실을 고대인들은 알았다. 얼마 전, 교회 아이들과 고대 그리스의 위대한 시인 소포클레스의 『오이디푸스 왕』을 읽었다. 하늘의 신탁을 받은 한 인간이 자신의 운명을 돌파하기 위해 의지를 불사르다 끝내 비극의 창살을 빠져나오지 못하는 이야기다. 이 비극은 인류에게 큰 사랑을 받아 왔다. 우리는 비극을 왜 읽는 것일까. 사람들은 어째서 좋은 결말이 아닌, 답답한 결말에 더 깊이 공감하는 것일까. 비극이 바로 우리의 현실이기 때문이다. 비극은 단순히 인간의 외침을 묵살하지 않는다. 도리어 인간을 본래의 자리로 되돌린다. 운명을 거슬러 주체적인 삶을 쟁취하려고 한 오이디푸스. 불타던 의지는 전부 소멸되고, 그는 끝내 흑암에 놓인다. 여기서 독자들은 카타르시스를 느끼게 된다. 비극의 절정에서 고요함과 잔잔함이 흘러나온다. 마치 방금 폭풍우가 지나가 버린 정적의 바다 가운데 놓인 듯한 감각을 느낀다. 『오이디푸스 왕』의 마지막 대사다.

> 만사에 지배자가 되겠다는 생각일랑 버리십시오. 그대가 지배했던 것조차도 평생 동안 그대를 따르지 않습니다 (소포클레스, 『오이디푸스 왕』, 민음사).

비극은 다른 말로 한계다. 현대 사회는 개인의 한계를 은폐하거나 부정한다. 하지만 우리 삶은 한계 아래 놓여 있다. 각자가 가지고 있는 비극과 한계는 다양하다. 내가 선택하지 않은 것들에 둘러싸여 있다. 온전하지 않았던 가정 환경, 극복할 수 없는 몸의 건강, 계발할 수 없었던 능력, 나를 붙들고 있는 과거처럼 도무지 받아들일 수밖에 없고 쉽사리 극복할 수 없는 한계들이 모두 우리의 것이다. 창조주 하나님은 이런 우리의 한계들을 알고 계신다. 그리고 그 한계를 뛰어넘기 위해 긴장을 늦출 수 없는, 파편화되고 소외된 개인들을 긍휼히 여기신다. 성경은 한계가 가지고 있는 아름다움을 줄곧 묘사한다. 대표적으로 하나님은 성전 제사에 있어서도 경계를 통해 거룩의 깊이감을 나타내셨다. 이스라엘 백성은 성소 바깥뜰에서, 제사장은 성소에서, 대제사장은 지성소에서 제사에 참여했다. 경계선은 존재를 의식하게 한다. 한계 지점을 경험하는 것은 나의 존재를 자각하게 한다. 무한자 앞에 선다는 것은 바로 유한자인 자신을 마주하는 것이다. 비로소 그때 우리는 자유를 경험한다. 하나님과 얼굴을 마주한 모세는 자신을 자각하게 되어 두려움에 떨었다. 하지만 성경은 끝내 모세의 얼굴 살결이 찬란히 빛나게 되었다고 증언한다(출 34:30).

한계를 은폐하는 사회에서 우리는 담대히 한계를 선포해야 한다. 우리의 존재가 가진 한계를 직면할 때 비로소 우리는 자신의 존엄을 지키며 하나님으로부터 오는 참된 자유를 누리게 될 것이다. 하지만 그 한계를 개인이 오롯이 감당해선 큰 성과를 보지 못할 것이다. 개인은 한계를 감당할 힘을 가지고 있지 않다. 한계를 마주했을 때 개인에게 들어차는 수치감과 모멸감을 함께 버텨 줄 공동체가 필요하다. 완벽하지 않아도 괜찮다며, 나와 너의 한계 상황을 진심으로 공감해 주고 격려해 주며, 모두의 한계를 끌어안는 공동체가 있다면 우리는 자유할 수 있을 것이다. 성동혁 시인의 산문집 『뉘앙스』에는 친구의 한계를 함께 감당해 주는 공동체 이야기가 나온다. 나는 이 글을 읽을 때마다 어김없이 교회를 떠올린다.

〈함께, 오를 수 있는 만큼〉

오래 전, 친구에게 한 번도 산에 올라가 보지 못했다는 말을 했다. 그래서 사람들이 산 정상에서 찍은 사진을 보면 맘이 이상하게 슬퍼진다는 이야기를 했다. 친구는 그 말을 잊지 않고 오래 간직했다. 시간이 지나 그 친구는 의료인이 되었고, 어느 날 조심스럽게 산에 오르자는 이야기를 꺼냈다. 처음 친구에게 산에 대한 이야기를 꺼낸 날, 친구는 곧바로 나를 업고 산에 오르고 싶었다고 했다.

꼼꼼하게 준비를 하여 2016년 시월, 태어나 처음으로 산을 올랐다. 정확히는 친구들에게 업혀 산을 느꼈다. 친구들이 발을 디딜 때마다 그들의 등을 통해 산을 느꼈다. 산소통을 드는 친구, 미리 앞으로 가며 길을 점검

하는 친구, 번갈아가며 지게로 나를 업은 친구들, 뒤에서 받쳐 주는 친구, 그 표정을 담아 주던 사진가 친구. 산을 오르기 전 우리의 목표는 정상이 아니었다. 우린 '함께', 우리가 '오를 수 있는 만큼'만 오르자 했다. 그것이 우리가 생각한 정상이었다.

많은 불가능 속에서 살고 있다. 하지만 행운처럼 친구들을 만나 많은 풍경을 보았다. 시간이 흘러 친구들은 직업을 갖고, 사랑하는 사람과 함께 가정을 꾸리기도 했다. 각자의 호칭에 걸맞은 삶을 사느라 예전만큼 자주 만나지는 못해도 내게 그들의 위치는 언제나 '옆집'이다.

나의 삶이 온전히 나의 것이 아님을 누누이 이야기한다(성동혁, 『뉘앙스』, 수오서재).

0.65, 우리의 실존은
누가 대변해 줄 것인가

어느 대학교 졸업식에서 한 유명 연예인이 연사로 나섰다. "웬만하면 아무도 믿지 말라. 인생은 독고다이다." 개인의 추구를 관계 단절과 함께 선언한 그녀의 말은 현대성의 얄팍하고 무책임한 신화를 여실히 보여 준다. 타자와의 관계를 떠나 자기 인생을 영위하라는 교훈을 수많은 매체를 통해 듣고 사는 현대인들에게는 아이러니하게도 균일화된 문화를 뚫고 나갈 힘이 없다. 파편화된 개인들은 서로를 가리고 있는 파티션 안에서 자유와 해방을 남몰래 갈망하지만, 공공의 돌파구를 발견할 수 없는 현실의 난관에 쉽사리 봉착하곤 한다. 때문에 불안한 개인들은 문화 소비와 경쟁의 집단에 참여함으로써 진정한 개별을 끝내 쟁취하지 못한다. 신화에 갇힌 개별의 쓸쓸한 죽음이다.

영국의 신학자 콜린 건턴은 자신의 책 『하나 셋 여

렷』에서 현대성의 비애를 말하며 로버트 피핀의 글을 인용한다.

> 현대성은 두려움 없고 호기심 많고 합리적이고 자립적인 개인들의 문화를 약속했지만, 그것이 낳은 것은 무리 사회, 즉 불안하고 소심하고 순응적인 양으로 이루어진 집단이었으며, 지극히 진부한 문화였다(콜린 건턴, 『하나 셋 여럿』, IVP).

건턴은 현대성이 '하나'에 대한 반발로 인해 '여럿'을 추구하다가, 의도하지 않은 역설, 곧 전체주의와 소비주의 문화로 흘러가 버렸다고 말한다.

가장 최근 뇌리에 박힌 한국 출산율 수치는 0.65다. 우리 사회는 생명을 태동하기 어려운 공간이 되었다. 자율과 타율이 뒤섞인 복잡한 현상이기에, 이를 두고 간결한 평가를 내놓는 것은 무리한 일이다. 커다란 사안인 만큼 여러 영역에서 저출산 문제를 가지고 이 사회를 평가하는 말들이 들려온다. 어느 진화생물학자는 이 현상을 진화적 관점에서 바라보며, 우리 민족을 적응에 최적화된 민족으로 높이 평가하기도 한다. 또한 어느 환경학자는 지구 행성의 인구 수용 관점에서 이 문제에 접근하기도 한다. 일면 타당해 보이는 분석들로 인해 나는 잠시 논리적 안정감에 놓였지만, 얼마 지나지 않아 헛헛한 낭떠러지 아래로 미끄러지고 말았다. 우리의 실존은 누가 대변해 줄 것인가. 메커니즘의 정보 아래 놓인 인간에게 발언권이란 없다. '0.65' 이 숫자는 나에게 의미를 주지 않는 빈 숫자다. 말 그대로 수치일 뿐이다. 처음 이 숫자를 대면한 나에게 든 생각은 하나뿐이었다. '우리는 담기지 않았구나.' 이 숫자에 포함되지 않은 이들을 상상하며 일종의 동질감 같은 것을 느꼈다.

팬데믹의 위협을 기점으로 수없이 태동하고 사라진 신화들은 한국 사회 곳곳에 생채기를 남겼다. 부동산 투자의 늦은 열차를 탄 어느 부부의 이야기를 들었다. 몇 년 전, 그들은 적당한 지역에 아파트를 매입했고 가격이 오르면 대출금을 금방 청산할 수 있을 거라고 믿었지만, 얼마 지나지 않아 매물 가치가 폭락했다. 그들은 끝을 알 수 없는 기나긴 버티기에 들어간 지 오래다. 이제는 한 사회 안에서 막연한 신화들이 쉽게 작동하고 허무하게 몰락하고 있다는 사실을 많은 사람들이 체험적으로 알아차린 듯 보인다. 이러한 예측 불가능한 유동 사회를 통해 우리에게 켜켜이 쌓여 가는 감각은 다름 아닌 위험(risk)에 대한 불안이다. 실제로 현재 한국 사회를 살아가는 우리에게 가능성이란 위험성을 뜻한다. 사실 가능성과 위험성의 상관관계는 어느 때고 동일했지만, 이 사회는 상대적으로 위험성이 극대화되고 가능성이 위축된 불균형한 극단적 공간이 되어 버렸다. 이곳이 과연 위험성을 통해 가능성으로 나아갈 수 있는 공간인가, 하는 질문이 드는 요즘이다. 무엇이 되었든 승차하면 하차할 수 없는 현실이다. 굉음이 날 정도의 속력으로 인해 하차하다가 크게 다친 사람을 많이 목격하기도 했고, 다시 올라탈 기회 자체를 놓칠 수 있다는 두려움이 커진 탓이기도 하다. 이러한 현실 안에 우리의 실존이 놓여 있다.

믿을 수 없는 공간, 의지할 이 없는 공간, 미지근한 공간을 살고 있는, 그래서 모두의 색채가 사라지는 우리의 삶이 반영된 수치가 '0.65'다. '인생은 독고다이'라는 말에 피상성을 넘어 잔혹성이 느껴진다. 위험에 처한 개인들을 더욱 위험한 영역으로 내모는 막연한 수사다. 모두가 놓여 있는 위험을 서로 끌어안아 줄 수 있는 공동체가 더 크게 이야기되어야 할 때다. 이러한 견해에 대해 여럿을 하나의 체계 안으로 포섭하거나 개별을 착취하는 방향성으로 이해한다면, 안타깝지만 그것은 트라우마에서 비롯한 슬픈 반응일 뿐이다. 여럿은 하나라는 의식으로 서로를 돌보아야 하고, 하나는 여럿으로 다채롭게 표현되어야 한다. 그리스도인들은 이러한 사회의 위기를 어떻게 평가해야 하는가. 만약 '0.65'라는 수치를 보며 단순히 기독교 인구 감소에 두려움만을 느낀다면 어김없이 우리는 미끄러질 수밖에 없을 것이다.

기독교(그리스도교)

> 태초에 하나님이 천지를 창조하셨다(창 1:1).
>
> 시몬 베드로가 대답하였다. "선생님은 살아 계신 하나님의 아들 그리스도십니다"(마 16:16).

어릴 적 내가 살던 집은 한 층에 스무 세대가 촘촘히 모여 사는 허름한 복도식 아파트였다. 친구들과 놀이터에서 놀다가 어두워져 집으로 혼자 돌아갈 때면 걱정이 이만저만이 아니었다. 특히 친구들과 옹기종기 모여 무서운 이야기를 나누던 날에는 집으로 가는 길이 더 막막했다. 삐걱거리는 엘리베이터 안에서 별의별 상상을 다 했다. 네모난 직사각형의 유리창 밖에서 나를 쳐다보고 있는 누군가와 눈이 마주치면 어쩌나, 혹은 내부에 있는 무한 반복되는 거울의 감옥 어느 지점에서 나와 함께 누군가 서 있으면 어쩌나, 하는 상상을 떨칠 수 없었다. 그런데 내가 직관적으로 두려워하던 그 '누군가'는 우리가 일상에서 만날 수 있는 그런 존재가 아니었다. 그러니까 나는 사람을 두려워했던 것이 아니었다. 눈에 보이지도, 만질 수도 없는, 그래서 아무런 대비책을 강구할 수 없는 어떤 존재를 두려워했던 것이다. 눈을 질끈 감고 노래를 부르다가 엘리베이터 문이 열리면 기나긴 복도를 안간힘을 다해 달렸다. 현관 앞에 도착해서는 뒤를 한 번 돌아보고 부리나케 집 안으로 들어갔다. 도마와 칼이 부딪히는 소리, 칙칙폭폭 돌아가는 압력밥솥의 벨브 소리, 샤프란 향기, 그리고 사부작거리는 엄마의 뒷모습. 방금 전까지 온통 나를 뒤덮고 있던 어둠이 사라지는 순간이었다.

아주 옛날부터 인간은 우리가 가진 감각으로 포섭할 수 없는 어떤 존재를 향한 두려움을 가지고 있었다. 그래서 영적 세계와 존재들을 믿어 왔고 그중 가장 상위에 있는 존재를 신이라고 불렀다. 사람들은 신과 영적 세계를 두려워했고 그 두려움을 해소하기 위해 천상에서 벌어지는 이야기를 창작하거나 온갖 형식과 제도를 갖추곤 했는데, 그것을 신화 내지는 종교라고 말할 수 있다. 과학이 최첨단으로 발달한 시대를 살고 있는 현대인들에게 신화와 종교는 한낱 허무맹랑한 소리일지 모른다. 하지만 정직하게 우리의 삶을 들여다보면, 우리 삶의 매우 중요한 영역들이 여전히 신화적이고 종교적이라는 사실을 어렵지 않게 직면할 수 있다. 학벌 신화, 부동산 신화, 주식 신화, 성공 신화와 같이 현재도 인간은 삶의 두려움을 극복하기 위해 무수히 많은 신화를 만들며 살아간다. 옛사람들과 현대인들이 추구하는 삶의 가치와 통제할 수 없는 영역이 달라졌을 뿐이다. 고대 이집트 사람들은 가뭄이 들면 나일강의 신, 하피가 분노한 것이라고 믿었다. 고대 바빌로니아의 신, 마르둑은 물을 통제하는 신이었고 마케도니아의 알렉산드로스 대왕은 페르시아와의 전투를 앞두고 전쟁의 신 포보스에게 제사를 바쳤다.

그렇다면 기독교 역시 우리가 익히 들어 온 세계의 수많은 신화와 종교 제도 중 하나일까? 물론 기독교에는 신화적 요소와 종교 제도적 요소가 있다. 그렇기 때문에 기독교 신앙을 가지고 있지 않은 사람들의 관점에서는 기독교가 신화로 보일 수도 있고, 종교 제도로 보일 수도 있다. 하지만 기독교 신앙을 가진 사람의 입장에서 볼 때, 기독교는 한 걸음을 더 내딛는다. 신화가 현실이 된 것이다. 더 나아가 현실이 된 그 신화의 영향력이 지금도 여전히 우리 주변으로 이어지고 있다. 『나니아 연대기』를 쓴 옥스퍼드의 C. S. 루이스는 이렇게 말했다.

> 신화가 사고를 초월하듯, 성육신은 신화를 초월합니다. 기독교의 핵심은 사실이기도 한 신화입니다. 죽는 신을 다룬 옛 신화가 여전히 신화인 채로 전설과 상상의 하늘에서 역사의 땅으로 내려옵니다. 그 일은 구체적인 시간, 구체적인 장소에서 벌어지고, 정의할 수 있는 역사적 결과들이 그 뒤를 따릅니다(C. S. 루이스, 『피고석의 하나님』, 홍성사).

기독교는 독자적으로 발생하지 않고 어느 한 종교의 이야기와 정신에서 파생했다. 바로 유대교다. 유대교의 역사적 뿌리는 아브라함이다. 메소포타미아 문명의 중심부에 살던 한 평범한 이에게 이름도 없고 정체도 알 수 없는 신이 찾아오는데, 그 신이 여호와다. 그 신은 아브라함의 가정에게 거주할 땅을 주며 그들로 하여금 큰 민족을 이루게 한다. 그 민족이 바로 이스라엘이다. 여호와와 이스라엘은 길고 지난한 동행을 이어 나가는데, 그 이야기가 상세히 담겨 있는 책이 구약성경이다. 그러니까 유대교는 구약성경을 읽으며 자신들의 민족 신앙을 유지하고 발전시키는 종교였다. 이러한 유대교의 사정은 지금도 마찬가지다.

그렇다면 기독교는 유대교와 어떤 점을 공유하고 또 다른 차별된 입장을 가지고 있는 것일까? 기독교는 유대교와 단절을 고하지 않았다. 도리어 유대교의 고유한 이야기가 모든 세계로 확장되었음을 선언하는 것이 기독교 정신의 골자다. 그 넓어지는 강폭을 예수께서 열었다고 보는 것이 기독교의 입장이다. 이전까지 한 민족이 믿어 왔던 신화와 신앙이 모든 인류의 역사와 신앙이 된 것이다. "태초에 하나님이 천지를 창조하셨다"(창 1:1)라는 고백만으로는 기독교인이 되었다고 말하는 데 충분하지 않다. 그 하나님이 누구인지 우리는 알 수 없기 때문이다. 더군다나 이 고백이야말로 신화스러운 고백일 수 있다. 그러기에 기독교는 유대교와 달리 다음과 같은 고백을 이어 가야 한다. "…선생님은 살아 계신 하나님의 아들 그리스도십니다"(마 16:16). 이는 예수에 대한 제자 베드로의 칭찬받은 고백이다. 정체와 이름을 도무지 알 수 없었던 그 여호와가 온 인류에 자신을 완전히 드러내신 사건이 바로 성자 예수의 성육신이다. "…나를 본 사람은 아버지를 보았다…"(요 14:9).

그러니까 기독교의 근간은 인간이 되신 하나님인 예수 그리스도에게 있다. 그분의 존재와 삶, 그리고 그의 가르침을 믿고 따르는 것이 기독교의 신앙이다. 예수 그리스도는 신화에 붙잡힌 이들에게 구원을 베푸시며, 정체 모를 두려움 가운데 해방을 선포하신 분이다. 이러한 그리스도를 통한 구원을 갈망하는 자들이 한데 모여 그의 삶을 본받고자 애쓰며 그분 곁에 머무는 모임이 바로 교회다. 사도 바울은 교회를 가리켜 이렇게 말했다. "교회는 그리스도의 몸이요, 만물 안에서 만물을 충만케 하시는 분의 충만함입니다"(엡 1:23). 그리스도를 통해 드러난 삼위일체 하나님의 사랑을 온 세상에 증언하는 일에 동참하는 이들을 교회라고 부르며, 세계 곳곳에 있는 교회들을 간단하게 묶어 표현할 수 있는 단어가 바로 기독교다.

더불어 악마 예배도 가져야 해

우리는 신에 대한 예배와 더불어 악마 예배도 가져야 해.

아이들이 하나같이 밑줄 그은 『데미안』의 문장이다. 이 독서 모임이 교회 바깥 모임이었다면 나는 충분히 낭만적일 수 있었을 텐데, 이 모임은 교회 안, 심지어 내가 담당 사역자로 있는 청소년부의 독서 모임이었다. 그래서 아주 조금의 긴장도가 올라갔다. 한두 아이도 아니고 모든 아이를 멈추어 세운 도끼와 같은 이 문장이 가진 본뜻은 무엇일까. 『데미안』을 쓴 헤르만 헤세는 19세기 독일에서 태어난 문인이다. 이 책을 쓸 당시 그의 나이는 40대였다. 초판 표지에 적힌 저자명은 싱클레어, 바로 이 소설의 주인공이다. 헤세는 필명으로 이 위대한 소설을 발표했다. 그는 선교사 집안에서 자라 신학교에 입학할 만큼 기독교 문화의 짙은 공기를 마시며 지냈다. 그 시절의 기억은 그의 소설

『수레바퀴 아래서』에 잘 담겨 있는데 무척 부정적으로 반영되어 있다. 헤세는 끝내 신학교를 자퇴했고, 시계 부속품 공장에서 견습공으로 일하다가 얼마 뒤에는 튀빙겐 서점에서 일을 하며 본격적으로 글을 쓰기 시작했다. 역사주의에 경도된 19세기 말 독일 학문의 사조 곁에서 시인은 자신의 언어를 찾기 위해 막스 데미안의 말처럼 '알에서 나오려고 몸부림'을 친 것이다. 『데미안』은 제1차 세계대전이 종전한 직후인 1919년에 출간되었는데, 이 소설은 서구의 인간과 사회에 대한 낙관적 이데올로기의 종결을 선언하는 작품이다.

주인공 싱클레어는 종교라는 단단한 울타리 안에서 자란 아이다. 그곳은 안전한 보금자리이며, 결코 악이 들어찰 수 없는 선한 공간이다. 온실 속 싱클레어, 그는 여러 사건을 통해 그 장벽에 금이 가는 현실에 놓인다. 이전에는 마주해 본 적 없는 악, 곧 인간과 세계의 부정 요소에 직면한다. 뿐만 아니라 자신에게 내재한 악의 실존에 부딪힌다. 힘에의 의지, 거짓, 죄책, 불안, 혐오. 색으로 치자면 하얗지 않은 검정 것들이 싱클레어를 둘러싼다. 그는 다시 반대의 것을 갈망한다. 모든 악을 내던지고 이전에 머물던 환한 자리로 회귀하고 싶은 싱클레어에게 어느 날 막스 데미안이 나타난다. 그의 이름은 Demonian에서 비롯했다. 악마와 같은 존재. 데미안의 악마성은 파우스트 박사와 동행한 메피스토펠레스와는 다른 악마성이다. 괴테가 『파우스트』에서 묘사한 악마는 신과 대립하는 존재, 「욥기」에 나타난 사탄, 곧 인간을 타락시키는 존재다. 하지만 한 세기가 흐른 뒤 헤세가 묘사한 악마성은 성서의 사탄을 반영하지 않는다. 선과 악을 동시에 지니고 있는 존재, 바로 아브라삭스(Abrasax)가 헤세가 떠올린 악마성이다.

이 낯선 신적 존재의 유래는 고대 페르시아 종교까지 거슬러 올라간다. 헤르만 헤세는 인도 선교사 아버지와 불교 연구자 외삼촌의 영향으로 인해 동양 사상을 일찍이 경험했다. 다시 돌아가서, 싱클레어는 데미안을 만난 뒤 세계를 새롭게 해석하는 법을 배운다. 데미안은 싱클레어에게 아브라삭스의 존재를 일깨워 줌으로써 진리는 바깥이 아닌 인간 존재 내면에 깃들어 있다는 사실을 밝혀 준다. 그리고 끝내 데미안은 서구의 몰락을 예언한다. 『데미안』은 20세기의 「욥기」이며 「계시록」이다.

아이들이 밑줄 그은 문장, "우리는 신에 대한 예배와 더불어 악마 예배도 가져야 해." 곰곰 생각해 보니 먹먹했다. 청소년들과 교회에서 두 해를 고스란히 보내고 있는 나는 아이들의 삶에 더 가까이 다가서고 있다. 혹자는 청소년기를 터널에 비유하곤 한다. 마치 자신은 그 터널을 지난 상태인 것처럼 말이다. 하지만 인생의 어느 특정한 어두운 시기라는 게 과연 존재하는 것일까. 인생 자체가 유한한 터널이다. 청소년은 이제 막 그 세계에 진입했을 뿐이다. 더 낯설고 더 당혹스러운 것이다. 그래서 나는 아이들에게 연대감을 느낀다. 내가 아이들의 삶을 이해해 줄 수 있다는 것은 아이들이 내 삶을 이해해 줄 수 있다는 것의 반대말이기에. 삶이란 단순하지만 않다는 것, 찬란하지만 않다는 것, 기쁨과 슬픔이 공존한다는 것을 아이들이 경험하기 시작했다. 몸과 마음에 원치 않는 생채기들이 일고 있다. 원인이 무엇인지 파악할 수 없을 만큼 복잡한 내면의 우울감과 좌절감, 그리고 공포감, 바깥에서 발생하는 수많은 위험들. 세계의 환한 것들과 어두운 것들을 분리할수록 고통이 가중된다는 사실을 경험적으로 알아차린 아이들의 무덤덤한 말들에 서글픔이 밀려왔다.

나는 문득 엔도 슈사쿠의 『깊은 강』이 떠올랐고, 아이들에게 그 소설에 관해 말해 주었다. 나는 이 소설을 생각하면 하나의 단어가 떠오른다. 십자고상(十字苦像). 십자가에 못 박힌 예수의 고난(苦難)을 새긴 형상을 뜻한다. 예수가 매달려 계시지 않은 십자가상은 그리스도의 승리를 표현하는 상징물이다. 그런데도 나는 그리스도가 매달려 계신 십자고상에 더 마음이 흔들린다. 예수의 고난을 목도할 때 승리의 참된 의미가 이해되기 때문이다. 그리스도의 승리는 사랑의 극치다. 예수가 보이지 않는 십자가는 나에게 어떤 의미도 남기지 못한다. 현실을 반영하지 않는 관념처럼 공허하다. 십자고상은 『깊은 강』의 주요한 언어다. 예수는 악의 현실을 외면하고 억압한 채 선의 이상만을 추구하지 않았으며, 냉소의 미소를 머금은 채 선과 악을 하나의 체계로 포섭한 이론가도 아니었다. 그는 악의 현실을 적극적으로 끌어안은 채 선, 곧 사랑을 향해 적극적으로 나아갔다. 그리스도를 따른다는 것은 그래서 어려운 일이다. 부조리한 현실을 억압하고 외면할 수 있는 가능성이나 이론이 그의 삶 속에 흔적으로 나타나지 않기 때문이다. 그는 사랑하려다 다쳤고 다쳐야만 사랑할 수 있다는 사실을 알고 있었다.

나는 이 세계의 상반된 두 측면과 직접 마주하기 시작한 우리 교회 아이들이 그리스도를 따르는 삶을 잘 배워 나갔으면 좋겠다. 우리가 물고기고, 세계가 어항이라면, 사랑은 물과 같다. 우리는 사랑을 마시며 살아가는 존재다. 아픔은 사랑이라는 생존 투쟁 가운데 놓여 있을 때 견딜 만한 연약함으로 자리할 수 있다. 사랑하려는 사람이 된다면 아픔은 서서히 작아질 것이다.

수렁 너머의 하나님

> 길르앗 사람 입다는 굉장한 용사였다 … 그는 길르앗이
> 창녀에게서 낳은 아들이다(삿 11:1).

사사기가 하나님의 사람들에 대한 여러 단편의 모음집이라고 보았을 때, 앞선 문장은 입다 이야기의 첫 문장이다. 입다는 세계라는 수렁에 던져진 존재다. "길르앗 사람 입다는 굉장한 용사였다 … 그는 길르앗이 창녀에게서 낳은 아들이다"라는 첫 문장은 성경을 읽고 있는 우리로 하여금 입다라는 인물에게 더욱 깊이 몰입하게 만든다. 접속사가 감추어져 있는 이 문장은 거꾸로 읽을 때 입다의 사정을 더욱 잘 드러낸다. "그는 길르앗이 창녀에게서 낳은 아들이다. 그래서 입다는 용사가 될 수밖에 없었다." 입다는 용사가 된 것이 아닌, 되어진 것이다. 그는 용사가 되지 않고는 살아남을 수 없는 세계 위로 던져진 것이다. 입다

는 자신의 세계를 선택하지 않았다. 오히려 세계가 입다를 선택했다고 보는 것이 적절하다.

혼외 자녀인 입다는 아버지의 친 자녀들에게 미움을 받는다. 배다른 형제들은 입다에게 말한다. "너는 우리의 어머니가 아닌 다른 여인의 아들이므로, 우리 아버지의 유산을 이어받을 수 없다"(삿 11:2). 그렇게 입다는 아버지의 집에서 쫓겨나 방랑자 신세가 된다. 돕이라는 땅으로 들어가 살았지만, 그곳에서도 건달들이 입다를 쫓아다니며 괴롭혔다. 어느 날, 암몬 자손이 이스라엘을 위협했다. 그때 암몬과 국경을 맞대고 있던 길르앗의 장로들이 모여 회의를 열었고, 그 회의 가운데 입다의 이름이 거론되었다. 길르앗의 장로들은 입다가 머물고 있는 돕에 가서 그에게 지휘관의 자리를 제안한다. 입다는 자신을 쫓아낼 때는 언제이고 이제 와서 자신을 찾느냐며, 장로들에게 서운한 분노를 쏟아 낸다. 그러나 결국 입다는 장로들과 적절한 합의점을 찾아 길르앗으로 돌아가 지휘관이 된다. 길르앗을 점령할 야심으로 가득 찬 암몬의 왕은 입다와 서신을 주고받는다. 이 갈등의 논점은 현대 국가 간에도 줄곧 벌어지는 영토 분쟁에 관한 것이었다. 입다는 길르앗 땅의 역사성을 타당하게 증명했지만, 암몬의 왕은 그 주장을 받아들이지 않았고 두 국가 간 갈등은 더욱 첨예해졌다. 끝내 입다는 암몬 자손을 쓰러뜨림으로써 이스라엘을 위기에서 구출해 냈다.

입다의 이야기가 여기서 마무리되었다면 어땠을까. 저주를 받은 사생아가 끝내 민족을 구한 영웅이 되었다는 이야기로 종결되었다면, 흔한 고대 영웅담이 되었을 것이다. 하지만 입다의 이야기는 여러 부침을 통과하며 결국 상승하지 않고 추락함으로써 뻔한 기대를 완전히 저버린다. 전투에서 승리한 입다는 하나님에게 서원한다. 전쟁에서 승리한 뒤 집으로 돌아갔을 때 가장 먼저 자신을 맞으러 나오는 사람을 하나님에게 드리겠다고 기도한 것이다. 전쟁을 마치고 입다가 집에 돌아갔을 때, 그를 반기러 문 앞에 서 있던 사람은 다름 아닌 자신의 하나뿐인 딸이었다. 입다는 좌절했다. 크게 울부짖었다. "그는 길르앗이 창녀에게서 낳은 아들이다." 입다는 이 문장 바깥으로 한 발자국도 빠져나오지 못했다. 꽤 긴 시간, 긴 세월을 거쳐 수렁을 통과했다고 생각했지만 그의 자리는 여전히 수렁 안이었다.

모든 걸 이루고 인신 제사를 서원했던 입다도, 그리고 그 서원을 받아들인 입다의 딸도 너무 불쌍하다. 그들을 둘러싸고 있는 고대 세계의 종교 제의를 샅샅이 재구성하는 것은 어려운 일이다. 지금 우리가 이해할 수 있는 바는 수렁 속에 놓인 입다와 그의 딸이 철저히 고통을 당하고 있다는 사실뿐이다. 그들은 속수무책이었다. 비극이 그들을 뒤덮어 버렸다. 혹자는 입다와 그의 딸이 이방 종교의 세계관에 갇힌 채 시대의 희생양이 되었다며, 이 이야기에 마침표를 찍는다. 하지만 이 이야기에는 에어 포켓이 있다. 비극의 수렁에서 단 한 번도 빠져나오지 못한 입다는 자신의 세계를 벗어던지거나 고통의 자리를 우회하거나 하지 않고 모든 상황에 능동적으로 응답하는 삶을 살았다. 또한 변곡점에 이를 때마다 하나님을 찾았다. 비극적 상황과 관계없이 그는 수렁 너머에 있는 하나님을 소망한 사람이었다.

성경은 인간과 세계의 비극을 비현실적으로 미화하지 않는다. 왜냐하면 비극이 우리 모두의 현실이기 때문이다. 창녀의 아들로 태어나 딸의 목숨을 잃게 한 입다의 삶은 다소 극단적이지만 모든 인간의 현실을 일부 반영한다. 더 나은 사람이 되고 싶지만, 그럴 수 없는 상황이 우리를 둘러싸고 있다. 모든 문제를 해소한 채 걱정 없는 삶을 살고 싶지만, 그럴 수 없는 것이 우리의 삶이다. 『해리포터와 마법사의 돌』에는 악마의 덫이라는 덩굴 식물이 나온다. 그 덫에 빠진 사람들은 그곳에서 탈출하기 위해 허우적댄다. 그럴수록 예민한 식물은 사람들의 몸을 세게 조인다. 탈출 방법은 사실 간단하다. 몸의 긴장을 풀고 그 덫에 몸을 맡기면 덫을 통과할 수 있다. 비극은 무찌르거나 극복해 내는 것이 아닌 도리어 끌어안아야 하는 대상, 곧 그 현실에 몸을 맡겨야 하는 대상이 아닐까.

수렁에 놓인 입다의 이야기는 우리가 원하는 방식대로 흘러가지 않았지만, 오히려 우리에게 역설적 위로와 용기를 건네준다. 수렁 속에서 그 너머에 계신 하나님을 찾는 신앙인의 포기하지 않는 의지, 그것이 불쌍한 입다의 이야기가 가진 힘이다. 수렁을 통과한 인간에 대한 에두아르트 투르나이젠의 글이 떠오른다.

> 무시무시한 싸움이 지나간 후에 드디어 하나님에 대한
> 순수한 깨달음의 정점이 드러난다. 그제야 분명해진다.

이편은 이편이고, 저편은 저편이라는 것, 인간은 인간이고 하나님은 하나님이라는 것이! 그제야 인간의 모든 프로메테우스적인 욕망이 간파되고 무너져 내린다. 이제 하나님은 참 하나님으로 고백되며, 그분께 합당한 영광이 돌아간다(에두아르트 투르나이젠, 『도스토옙스키: 지옥으로 추락하는 이들을 위한 신학』, 포이에마).

글은 해명이 아니었다

글이 안 써진다. 분명히 내 안에는 많은 이야기가 있는데도 그렇다. 나는 글을 여전히 좋아한다. 무엇보다 나는 스스로를 표현해야만 숨을 쉴 수 있는 사람이다. 그런 나에게 어느 순간부터 글 쓰는 것을 주저하는 버릇이 생겼다. 이상한 중압감에 글쓰기를 그만두고 싶다는 생각도 자주 하게 되었다. 그 원인 모를 중압감은 마치 신 앞에 죄를 지었다고 생각할 때 느껴지는 해갈되지 않는 죄책감과 비슷하다. 나는 왜 글 쓰는 것에 죄책감을 느끼게 된 것일까?

몇 해 전, 광화문 교보문고에서 인문학자 김용규 선생님의 강연을 우연히 듣게 되었다. 청중 가운데 한 명이 김용규 선생님에게 이런 질문을 했다. "선생님은 왜 언론에 자신을 자주 비추지 않으세요?" 보아하니 선생님은 원래부터 언론을 피하셨던 분이 아니었다. 하루는 한 기자가 김용규 선생님을 찾아와서 많은 질문을 쏟아 냈다고 한다. 그 질문들은 선생님의 행보에 관한 이야기들이었다. "왜 독일에서 공부를 하셨나요?", "신학과 철학을 함께 공부하신 이유가 있으신가요?" 등 저자에게 관심이 있는 사람이라면 충분히 궁금할 법한 질문들이었다. 그날, 선생님은 무수히 많은 질문에 정성껏 답변을 한 뒤 집으로 돌아갔다고 한다. 하지만 선생님은 그 시간을 정작 행복하게 기억하지 않으셨다. 그분은 말하길, "오히려 심한 구토 증세가 있더군요"라고 했다. 기자의 질문들에 열거한 답변들이 사실은 진실이 아니었다고 덧붙였다. 기사의 취지에 맞게끔 자신의 지난날들을 과장하고 포장했다고, 무척 솔직하지 않았다고 고백했다. 이유를 알지 못한 채 걸어온 인생의 여백에 명백한 인과관계를 부여하는 것만큼이나 부자연스러운 것이 어디 있겠는가? 그 이후로 김용규 선생님은 솔직할 수 없는 자리를 최대한 피하고 있다고 말했다. 그는 부자연스러움에서 죄책감을 느낀 것이다.

내가 글을 쓰는 것에 죄책감을 느끼고 있는 부분 또한 정확히 부자연스러운 글쓰기 태도에서 비롯한 것이다. 그렇다고 해서 글쓰기가 자연스러움과 원활함만으로 이루어지는 행위라고 말하는 것은 아니다. 글이란 본래 불편함 가운데서도 창작되어야 하며, 글쓰기란 삐걱거리면서도 중심을 잡아가는 과정이기 때문이다. 그 고통을 수반한 노동이 비록 글쓰기에만 국한되겠는가? 세상의 모든 아름다운 결실은 삶과 죽음, 희망과 절망과 같은 가장 어울리지 않는 두 지점의 극단 모두를 아우를 때 비로소 이루어진다. 이러한 불편한 삶의 원리에 있어서는 글마저도 예외가 될 수 없다. 차라리 나의 글쓰기가 노동의 땀방울이었다면, 또는 사유의 근력이 모자라서 끙끙 앓고 있는 성장의 고통이었더라면 나는 글 쓰는 것을 회피하지 않았을 것이다. 오히려 그러한 노역은 대장장이의 상처처럼, 흔들림으로 버텨 내는 들꽃의 생존 방식처럼 숭고한 과정이기 때문이다. 하지만 나는 글을 순수하게 대하지 못했다. 나에게 글이란 한낱 나의 존재를 해명하기 위한, 자의식을 강화하기 위한 도구일 뿐이었다.

표현하는 행위는 내 속에 있는 무언가를 해명해 내는 일이기보다는, 그 무언가를 방출하고 반영하는 일에 가깝다. 어린 시절 자주 다녔던 천마산 공원 한쪽에는 다양한 모양의 거울들이 설치되어 있었다. 그 거울들 앞에 사람들이 많이 모이곤 했는데, 생각해 보면 정말 재미있었다. 키가 커 보이고 싶은 사람들은 볼록거울 앞에, 날씬해지고 싶은 사람들은 오목거울 앞에 섰다. 하지만 평면거울 앞에는 사람들이 모이지 않았다. 인간은 본래 자신을 있는 그대로 직면하는 것을 어려워하는 것 같다. 그것은 나쁘거나 부끄러운 일이 아닌, 지극히 자연스러운 모습이다. 그렇다고 그 자연스러움이 우리를 행복하게 만든다고 말하고 싶지는 않다.

나는 그렇게 진실하지 못한 채 해명해 왔다. 볼록거울 앞에서, 때로는 오목거울 앞에서. 그러니 글쓰기가 죄책감으로 가득 찰 수밖에. 내가 믿고 있는 신, 기독교의 하나님도 인간에게 해명을 요구하거나, 그 자체를 원하시지 않는다. 그것은 신의 자존심 때문이 아니다. 전능한 신은 오래전부터 이미 알고 있었다. 인간이 해명을 통해 얻으려 하는 무언가가 철저히 허무이고 허상이라는 사실을. 인간이 도무지 좁힐 수 없는 자의식의 괴리를 극복할 수 있는 유일한 방법은 호숫가에 가서 자신의 몸을 숙이는 일이다. 무릎을 꿇고, 허리를 숙이고, 이마를 보다 낮추면 그제야 보이지 않을까. 잔잔한 호수에 반영된 나의 얼굴을. 눈을 씻고 찾아봐도 내가 아닌 무언가는 호수 속에 없다. 호수 안에 나를 바라보고 있는 사람은 나 자신이다. 내가 나를 만난 것이다. 그때 해명은 사라진다. 해명하는 행위가 허상을 향한 공허한 발버둥일 뿐이었다는 진실을 인식할 때에야 비로소 우리는 지금의 나와 뜨거운 포옹을 하게 될 것이다. 순전한 글쓰기는 그때 시작되지 않을까. 글은 해명이 아니었다.

계시의 종교

> 하나님께서 옛날에는 예언자들을 통하여, 여러 번에 걸쳐서 여러 가지 방법으로 우리 조상들에게 말씀하셨으나, 이 마지막 날에는 아들을 통하여 우리에게 말씀하셨습니다…(히 1:1-2).

사람들은 기독교를 계시의 종교라고 불러왔다. 계시, 익숙한 듯하면서 낯선 단어다. 나는 계시라는 단어를 듣고 시빌 트릴로니 교수가 떠오른 적이 있다. 그녀는 호그와트의 예비 마법사들에게 점술을 가르친다. 트릴로니는 맑은 수정 구슬 앞에 앉아 기다란 손가락을 움직이며 주문을 외운다. 허공을 응시하는 그녀의 두 눈이 무언가를 보고 있는 것만 같다. 그리고 그녀는 무언가를 듣는다. 곧이어 미래에 일어날 일을 예언한다. 이 장면을 본 사람들은 트릴로니가 '계시'를 받았다고 이야기한다. 이러한 계시를 받는 행위는 단지 소설이나 영화에서만 등장하는 것이 아니다. 고대 그리스의 델포이 사람들은 아폴론 신전에서 신탁을 받곤 했다. 사실 오늘날 한국에도 적지 않은 사람이 무속인들을 찾아가 샤머니즘에 기반한 점을 보거나, 중세 유럽에 기원을 둔 타로를 보러 다니기도 한다. 왜 사람들은 옛날이나 지금이나 마찬가지로 외부로부터 오는 계시를 받기 원하는 걸까? 도무지 알 수 없는 삶에 대한 걱정과 두려움 때문이며, 그 부정적인 것들을 내부에서 쉽게 해소하지 못하기 때문이다. 인간은 자신에게 10분 뒤에 무슨 일이 일어날지도 예상할 수 없는 제한적 존재이며, 자신 안에서 일어나는 수만 가지 감정의 원인조차 파악하지 못하는 연약한 존재다. 그러니까 솔직하게 말하면 인간은 자기 자신도 전부 알 수 없고 세계도 전부 알 수 없는 존재일 따름이다. 그래서 인간은 본능적으로 외부로부터 오는 계시를 바라는 것이다. 스스로 문제를 해결할 수 없으니 누군가 나의 존재와 삶을 해석해 주길 바라는 것이다. 흥미로운 것은 현대 사회에 들어와 인간과 세계에 대한 무지를 극복하기 위해 발달하고 인기를 얻고 있는 공부가 심리학이고 과학이다. 그래서 사람들은 인간이 쉽게 파악할 수 없는 영역을 더는 종교에서 찾지 않고 현대 학문에서 찾곤 한다.

    이러한 현실에 직면했을 때 기독교가 계시의 종교라는 말은 우리를 괜히 부끄럽게 만든다. 현대 문명의 발전을 거부하고 옛 시대로 퇴보하는 야만적 습성을 쫓는 집단처럼 느껴지기 때문이다. 그런데 사실 기독교가 말하는 계시는 앞서 언급한 트릴로니 교수가 행했던 주술과는 전혀 다르다. 기독교의 계시는 단순히 하늘에서 땅으로 일방적으로 뚝 떨어져 인간의 미래를 억압하거나 제한하는 비인격적 메시지가 아니다. 기독교는 계시라는 단어를 다른 의미로 사용한다. 바로 하나님이 인간에게 자신을 드러낸 신적 행위를 계시라고 부른다. 하나님이 자신의 존재를 인간이 파악할 수 있게 보여 주신 일이 계시다. 그러니까 오이디푸스 왕이 델포이 신전에서 받은 계시는 기독교의 계시와 근본적으로 차이가 있다. 델포이 신탁은 인간의 운명을 예언하는 데 그 목적이 있다. 하늘에서 뚝 떨어진 메시지다. 그 계시에는 신과 인간 사이의 인격적 교류가 없다. 반면 기독교의 계시는 관계적이다. 하늘에 앉아 있는 신이 땅을 향해 달랑 쪽지를 하나 던지는 이미지는 기독교의 계시가 아니다. 성경을 읽다 보면 하나님이 인간에게 말 한마디 전하는 것으로 만족하는 분이 아니라는 사실을 금방 발견할 수 있다. 하나님은 인간에게 자신의 존재를 드러내시면서 찾아온다. 그 이유는 하나님이 우리와 관계를 맺기 원하시기 때문이다. 관계에 있어서 가장 중요한 것은 존재와 존재가 만나는 일이다. 누군가와 메일이나 SNS 메신저로 아무리 많은 대화가 오갈지라도, 그 관계가 깊어지는 데는 얼굴을 마주하는 것만큼 중요한 것이 없다. 상대방의 표정, 손짓, 말투, 언어를 통해 그 상대를 차츰 알아가게 된다. 그리고 나 또한 마찬가지로 그 모든 것을 상대에게 보여 준다. 그런 시간이 차곡차곡 쌓여 가면서 두 사람의 존재가 서로 만나게 되는 것이다. 이것이 관계이고 기독교가 말하는 계시의 성격이다. 계시는 단순히 정보를 전달하는 데 그 목적이 있지 않다. 계시의 목적은 관계 맺음이다. 그래서 하나님의 백성은 줄곧 신탁을 기다리는 것이 아니라, 그분의 나타나심을 고대하곤 했다. 시편에 이런 노래가 있다.

> 더없이 아름다운 시온으로부터 하나님께서 눈부시게 나타나신다(시 50:2).

구약성경에서 하나님이 인간에게 자신을 계시하신 사건은 셀 수 없이 많다. 바빌로니아의 우르에서 살던 아브라함에게 하나님이 찾아오셨다(창 12:1). 그리고 이집트에서 이스라엘을 구원한 모세에게도 하나님이 찾아오셨다(출 3:4). 이후에도 호세아, 이사야, 예레미야와 같은 선지자들에게 자신을 계시하신 하나님은 당신의 백성과 관계를 맺기 위해 열심을 내셨다. 그리고 그분은 백성과 여러 사건을 함께 통과하며 동행하셨다. 하나님은 자신을 계시함으로써 이스라엘 백성이 결국 깨닫고 변화하길 바랐던 '무엇'이 있었다. 우리는 인지적으로 무언가를 습득한다고 해서 더 나은 존재가 되지 않는다. 존재와 존재가 만나 관계를 형성하는 가운데 변화가 자연스럽게 뒤따르는 것이다.

가만히 돌이켜 보면 나의 삶에 크고 작은 변화를 준 대상은 어떠한 정보가 아닌 사람이었을 때가 더 많은 것 같다. 사람은 관계 안에서 누군가의 인격과 마주하며 지대한 영향을 주고받는 존재다. 그러니까 하나님은 이스라엘 백성과 인격적 관계를 형성함으로써 새로운 존재가 되길 바랐던 것이다. 그래서 그들이 주변 민족 혹은 제국과는 다른 길을 가길 바랐다. 하지만 하나님과 관계를 형성함으로써 열방 가운데 '복의 근원'이 되어야 했던 이스라엘은 다른 우상 신들과 관계를 형성함으로써 다른 욕망을 품게 되었다. 끝내 이스라엘은 하나님의 존재를 온전히 받아들이지 않았고, 그에 따라 하나님의 성품과 반대되는 국가를 이루었다. 지난한 과정을 자신의 백성과 보내신 하나님은 때가 차매 자신을 완전하게 드러내셔야만 했다. 모두가 알아차릴 수 있도록, 모두가 자신과의 관계성 안으로 들어올 수 있도록 하는 완전한 계시가 필요했다. 그 계시는 하나님이 스스로를 드러내신 사건인 성육신이다. 더 정확하게 표현하면 바로 예수 그리스도다.

> 하나님께서 옛날에는 예언자들을 통하여, 여러 번에 걸쳐서 여러 가지 방법으로 우리 조상들에게 말씀하셨으나, 이 마지막 날에는 아들을 통하여 우리에게 말씀하셨습니다…(히 1:1-2).

예수 그리스도는 감추어져 있던, 모두가 알아차려야만 했던 하나님이다. 그래서 오늘날 기독교에 더는 다른 계시가 필요하지 않은 것이다. 예수 그리스도를 통해 하나님의 존재가 온전히 드러났기 때문이다. 예수님의 말, 행동, 삶이 하나님의 말, 행동, 삶이다. 그러니까 누군가 우리에게 "기독교인에게 당신은 신을 어떻게 인식하고 이해하십니까?"라고 묻는다면 어떤 대답을 할 수 있을까? "예수 그리스도를 통해 신을 봅니다"라고 대답할 수 있다. 기독교가 계시의 종교라는 것은 예수라는 계시를 통해 하나님에게 나아가는 신앙을 뜻한다. 하나님이 인간이 되셨다는 사실을 받아들이고, 그 예수님과 관계를 형성하는 것이 기독교의 계시 신앙이다.

하나님을 믿는다는 것을 추상적으로 이해하는 사람들이 많다. 하지만 기독교 신앙은 구체적이고 분명하다. 역사 가운데 오신 하나님인 예수님의 삶을 살펴보고 그분을 믿음으로 따르는 것이다. 그분의 생각, 삶의 방식, 가치관을 받아들이고 걸어가는 그 길이 바로 기독교가 말하는 계시를 받아들이는 삶이다.

성경

여름 휴가철이 찾아오면 제주도로 떠나 올레길을 걸으며 생각을 정리하곤 했다. 코스를 정해서 하루에 약 10킬로미터를 걸었다. 해안과 내륙을 오가며 차도를 지나기도 하고 오름을 오르기도 했다. 처음에는 많이 걱정스러웠다. '한 번도 가 보지 않은 구간을 이탈하지 않고 잘 걸을 수 있을까'라며 긴장을 하기도 했다. 그런데 막상 걸어 보니 괜한 걱정을 했다는 사실을 금방 깨닫게 되었다. 코스 길에는 눈에 잘 띄는 울타리와 같은 경계가 있는 것은 아니었지만, 트랙커의 이탈을 충분히 방지할 수 있는 장치가 있었다. 그건 바로 색깔 리본이었다. 숲속에서는 나뭇가지에, 갈림길 앞에서는 들어서야 할 길에, 차도에서는 도로 표지판에 경로를 안내해 주는 색깔 리본이 묶여 있었다. 그래서 길을 이탈하더라도, 때로는 풍경을 보기 위해 잠시 경로를 떠나더라도 큰 문제가 없었다. 리본이 있는 곳으로 돌아오기만 한다면 모든 트랙커가 목적지에 다다를 수 있었다.

성경은 색깔 리본과 같다. 우리를 하나님에게 안내해 주기 때문이다. 성경은 하나님이 어떤 분인지 알 수 있게 해 주는 거의 유일한 콘텐츠다. 우리는 기도를 하면서 하나님을 느끼기도 하고, 자연을 바라보면서 하나님의 손길을 가늠해 본다. 하지만 이 두 가지 방식만으로는 하나님이라는 분이 정확히 어떤 분인지 알 수가 없다. 왜냐하면 하나님은 인간과 관계를 맺으면서 자신을 드러내셨고, 예수 그리스도라는 자기계시를 통해 역사 안으로 들어오셨기 때문이다. 그러니까 우리는 하나님이 인간과 함께하셨던 구체적인 역사를 살펴봄으로써 그분을 인식하고 그분과 관계를 맺는다. 하나님이 인간과 함께하신 역사를 우리는 기도를 통해 알 수 있을까? 아니면 자연을 바라보면서 그것을 알아차릴 수 있을까? 인간을 찾아오신 하나님의 역사는 성경에 담겨 있다. 특별히 하나님이 인간에게 자신을 완전히 드러내신 사건, 곧 예수 그리스도의 삶이 담겨 있다. 그렇기 때문에 우리는 성경을 통해 하나님의 존재와 그분의 성품을 구체적으로 알아차릴 수 있다. 하나님은 자신의 이야기를 성경에 담아 우리에게 주셨다. 그리고 성경을 읽는 행위는 하나님에 대한 관심의 표현이다. 성경을 읽고 있는 사람은 마치 연인의 편지를 읽고 있는 사람을 닮았다. 텍스트 너머에 있는 사랑하는 대상을 떠올리며 그와 정신적 관계를 형성하기 때문이다. 성경을 읽는다는 건 우리에게 자신을 보여 주신 하나님과 관계를 맺는 일이기도 하다.

그리스도인이 읽는 성경은 한 권이지만 두 영역으로 구성되어 있다. 구약과 신약이다. 이 단어의 풀어 쓴 말뜻은 옛 언약과 새 언약이다. 언약은 영어로 testament, 곧 유언이다. 이는 본래 법률적 용어로써, 죽은 사람과 살아 있는 사람 사이에서 효력을 갖는다. 그러니까 옛적부터 하나님의 백성은 성경을 하나님과 그분의 백성 사이에 효력이 담긴 문서로 생각했다. 성경 자체에 효력이 있다는 말이 아니다. 성경 안에 그 관계적 효력의 내용들이 담겨 있다는 말이다. 그들은 구원에 대한 관계적 효력, 인간의 삶에 대한 관계적 효력이 이 책 안에 담겨 있다고 믿었다. 그래서 그리스도인들의 삶 곁에는 언제나 성경이 있었다.

한데 모여 예배를 드릴 때면 언제나 성경을 낭독했다. 성경 안에는 하나님이 담겨 있다. 그리고 하나님과 백성의 관계, 인류와 세계의 시작과 끝 이야기가 담겨 있다. 그리스도인은 성경을 통해 하나님을 보고 인간과 세계를 본다.

구약성경에는 큰 맥락에서 이스라엘 민족과 함께 하신 하나님의 이야기가 담겨 있다. 그래서 구약성경은 유대교의 경전이기도 하다. 하지만 유대교 신자들은 성경에 '구약'이라는 단어를 붙이지 않는다. 왜냐하면 신약성경을 받아들이지 않는 그들에게 구약이라는 개념은 성립하지 않기 때문이다. 유대교 신자들은 그리스도인들이 구약성경이라고 부르는 책을 그 묶음 하나로 충분하고 완전한 여호와 하나님의 말씀으로 받아들인다. 그들은 그리스도인들이 신구약을 성경이라고 통칭하는 것처럼, 구약성경 하나만을 가리켜 성경이라고 칭한다. "너희는 성경에서 이런 말씀도 읽어 보지 못하였느냐?"(막 12:10)는 예수님이 당시 종교 지도자들에게 하신 말씀이다. 여기서 언급되는 '성경'은 현재 우리가 구약성경이라고 부르는 책을 가리킨다. 예수님은 신약성경을 읽어 보지 못했다. 그 시절은 신약성경이 기록되기 전이었다.

  그렇다면 신약성경은 어떤 책일까? 신약성경은 그리스도인들의 책이다. 물론 구약성경도 그리스도인들의 책이다. 신약성경은 예수님의 증인들, 특히 그분과 숙식을 함께한 이들이 쓴 책이다. 구약성경이 이스라엘이라는 특정한 민족에게 찾아오신 하나님과 그분의 백성의 이야기라면, 신약성경은 하나님의 아들 예수님과 그분의 자녀들의 이야기다. 그렇다면 구약과 신약이 서로 다른 이야기를 하고 있는 책인 건가, 하는 의문이 들 수 있다. 구약과 신약은 동일한 이야기를 하고 있다. 다만 많은 사람들이 그것을 동일한 이야기라고 알아차리지 못했을 뿐이다. 구약의 하나님이 예수 그리스도로 드러났다는 사실과 구약의 하나님 백성이 더 이상 이스라엘 민족에 국한되지 않고 온 세계의 교회 공동체로 확장되었다는 사실을 깨달은 자들이 쓴 책이 바로 신약성경이다. 구약성경에는 메시아, 곧 구원자를 기다리는 예언들이 기록되어 있었기 때문이다. 예수님이 태어나기 전부터 유대인들이 즐겨 읽던 이사야서에는 이러한 구절이 있다.

그러나 그가 찔린 것은 우리의 허물 때문이고, 그가 상처를 받은 것은 우리의 악함 때문이다. 그가 징계를 받음으로써 우리가 평화를 누리고, 그가 매를 맞음으로써 우리의 병이 나았다(사 53:5-6).

예수 그리스도는 구약성경이 지속하여 언급하는 예언의 성취이자 완성이다. 그렇기 때문에 예수님을 목격한 사람들은 하나님과 새로운 관계를 형성하게 되었다. 이전까지는 드러난 적 없는 것들이 밝히 드러난 현장 속에 있던 사람들은 예수님의 이야기를 전했고, 많은 사람들이 예수님을 하나님의 아들로 믿기 시작했다. 그래서 자연스럽게 교회가 세워지게 된 것이다. 예수님을 직접 목격한 사람들이 증언 형식의 기록을 남겼는데 그 책들이 복음서다. 그리고 예수님의 이야기가 이스라엘에서 온 인류로 전달되는 상황을 역사의 형식으로 담은 책이 사도행전이다. 아시아와 유럽 곳곳에 처음으로 그리스도인 공동체가 세워졌고, 그들의 신앙을 독려하기 위해 제자와 사도들이 쓴 편지들이 오늘날 신약성경으로 읽히고 있다. 그러니까 신약성경은 구약성경의 이야기가 예수 그리스도로 흘러갔고, 예수 그리스도에서 완성되었다고 주장하는 내용이 담긴 책들이다. 사도 바울은 로마 교회에 이런 편지를 썼다.

> 이 복음은 하나님께서 예언자들을 통하여 성경에 미리 약속하신 것으로 그의 아들을 두고 하신 말씀입니다 (롬 1:2-3).

지금껏 성경의 역할과 구약성경과 신약성경의 관계에 관해 살펴보았다. 성경이란 우리에게 찾아오신 하나님의 존재와 성품을 구체적으로 보여 주는 안내자 역할을 한다. 특히 그리스도인은 성경을 통해 예수 그리스도라는 하나님의 자기 계시를 만나게 된다. 신화에서 역사가 되신 하나님, 그 하나님은 예수 그리스도라는 계시를 통해 자신을 완전히 드러내셨다. 하지만 우리는 그 역사의 현장을 목격하지 못했다. 이곳에서 예수를 직접 볼 수 없고 들을 수 없다. 그래서 하나님은 성경이라는 지면을 통해 그 이야기가 후대의 신앙 공동체에 계속 전해지기를 바라셨다. 우리는 2000년이 지난 이곳에서 예수님을 직접 볼 수는 없지만 성경을 통해 그분과 관계를 가질 수 있다. 의심하고 있는 도마에게 예수님은 말씀하신다.

너는 나를 보았기 때문에 믿느냐? 나를 보지 않고도 믿는 사람은 복이 있다(요 20:29).

하나님은 믿음 없는 우리에게 성경을 건네 주셨다.

몸

몸은 세계를 지각하는 최소 단위다. 간혹 편두통이 생길 때면 소리와 빛마저 육체에 적지 않은 고통을 준다. 나의 몸이 복잡하게 뒤엉켜 있음을 느끼는 순간이다. 몸의 본질을 궁금해한 적이 있다. 본질이란 사물의 가장 근원이 되는 것으로서, 상실하게 되면 그 외형을 허무는 무엇이다. 없으면 안 되는 것. 아니, 없음으로 있음을 가능하지 않게 만드는 것이다. 아무리 생각해 보아도 나무의 본질은 뿌리다. 뿌리가 마르면 생명을 잃어버리니까. 몸은 어떠한가. 어린 시절, 아버지의 친구가 떠오른다. 소주잔을 들고 계신 아저씨의 검지가 보이지 않았다. 공장에서 사고를 당하셨다고 한다. 그러나 아저씨는 환하게 웃고 계셨다. 손가락은 몸의 본질이 아니다. 그렇다면 몸을 뿌리처럼 근원에서 붙들고 있는 것은 무엇인가. 뇌인가, 심장인가, 피인가, 이렇게 육체의 기능을 피라미드로 그려 보기도 했다. 그렇지만 얼마 못 가 인간의 몸에 관한 호기심을 내려놓았다. 나에게 생물학 지식이 부족할뿐더러, 일상에서 나의 몸이 분절된 채 작동하지 않음을 이미 경험하며 살고 있었기 때문이다. 카페 옆 탁자에서 흥미로운 이야기가 들려오는 순간 무의식적으로 눈길이 가고 생각의 공간이 뒤엎어진다. 괜히 허리도 꼿꼿이 세워지며 꼰 다리마저 스르륵 풀린다. 귀가 듣는 것이 아니라 몸이 듣는다. 이처럼 몸이란 작은 우주처럼 서로 촘촘하게 연루되어 있다.

예수는 하나의 빵을 떼어 조각들을 제자들에게 먹인 뒤, 그들이 먹은 빵을 자신의 몸이라고 설명했다. 그리스도의 몸을 섭취한 자들. 그로테스크하다. 고대 로마인들은 그들이 그리스도라는 이의 몸을 나누어 먹은 자들이라고 받아들였다. 어쩌면 그들이 지도자의 육체를 나누어 먹고 혁명을 도모하는 위험한 조직이라고 생각했을지도 모른다. 시대를 막론하고 오해할 만한 은유다. 그런데도 그리스도의 몸을 먹는다는 이 섬뜩한 표현은 수천 년이 흐른 지금도 여전히 교회에서 사용되는 제정 언어로 남아 있다. 예수는 자신의 몸이라고 칭한 빵을 각기 다른 신분을 가진 제자들에게 나누어 주었다. 노동자, 세리, 열렬한 사회 운동가⋯ 그들은 모두 예수의 한 몸을 섭취했다. 사도 바울은 교회를 가리켜 줄곧 그리스도의 몸이라고 말했다. 나는 이 문학적 표현 아래 흐르는 신학적 실재를 자주 생각한다. 그리스도의 몸을 섭취한 자들. 그들의 몸은 그리스도의 몸과 하나가 되었다. 그리스도의 몸과 하나 된 이들의 모임이 교회라는 건, 교회가 그리스도의 몸이라는 말과 다르지 않다. 몸이 우주와 닮았다면, 우리는 그리스도의 우주 속에 거하는 사람들이다. 비록 나는 작은 행성이지만 또 다른 행성들이 나를 지탱해 준다. 나 또한 더 작은 행성을 위해 공간을 채운다. 그렇게 그리스도의 우주를 우리 모두의 안식처로 여기며 산다.

사랑의 여정

사랑을 어떻게 해야 하는지 잘 몰랐던 때가 있었다. 누군가를 애착하게 되면 나는 어김없이 당황하고 불안했다. 나의 마음에 영향력을 행사하는 존재가 외부에 있다는 사실이 두려웠다. 그 외부자가 어디로 튈지 알 수 없고 그에 따라 나는 수동적이어야 하니까. 그래서 그 외부에 있는 존재를 언제나 포획하려고 했다. 나의 할머니 집은 충청북도 제천시 월악산의 어느 휘어진 골짜기에 있다. 어린 시절 여름 방학이 되면 시골에 가서 곤충 채집과 낚시를 했다. 자유로이 날던 나비와 힘차게 헤엄치던 물고기를 잡아 잠자리통과 플라스틱통에 가두면 그 생명들은 얼마 지나지 않아 어김없이 말라 버렸다. 그 모습에 대한 기억은 여전히 쓸쓸하다. 나는 곁에 두었다고 생각했지만 생명들은 금세 숨을 잃었다. 붙잡을수록 혼자가 되었다. 이것이 사랑에 대한 나의 어렴풋한 첫 기억이다.

그 이후로도 사랑의 실수는 다양했다. 아내와 연애를 할 때도, 사제 간에도, 친구 간에도 마찬가지로 올바른 사랑을 실천하기란 매우 힘들었다. 사랑이란 필연 상처를 동반하는 게 아닌가 생각할 정도로 사랑이 버거웠다. 나는 사랑을 명목으로 타인에게 상처를 주기도 했지만, 상처를 받기도 했다. 어느 순간 나에게 사랑에 대한 차가운 냉소가 뿌리내렸는데, 그건 나를 가스라이팅한 사람 때문이었다. 그는 나를 자신의 잠자리통에 가두려고 했고, 나는 결국 저항하며 그를 물어 버렸다. 달리 방법이 없었다. 그 뒤로 사랑을 하지 않기로 했다. 타인과의 공존을 믿지 않았다. 끝내 인간은 결정적 순간에 서로를 흡입하려는 청소기일 뿐이라고 결론 내렸다. 그래서 나는 나의 존재를 지지해 줄 대상을 외부가 아닌 내부에서 찾기로 마음먹었다. 그때 알베르 카뮈, 니코스 카잔차키스, 헤르만 헤세를 만났다. 문학으로 체득한 실존주의는 실제로 일정 부분 나를 자유롭게 했다. 타자와의 관계를 통해 존재 기반을 형성하지 않아도 삶이 가능하다는 뉘앙스는 나의 현실로 보건대 일리가 있었다.

의식적으로 외부에 영향을 받지 않으려다 보니 실

제로 그런 사람이 되어 갔다. 누군가 나에게 따뜻한 말을 건네도 그다지 반갑지 않았고 누군가 나에 대한 험담을 해도 기분이 상하지 않았다. 물론 관계에 있어서도 애쓰지 않는 사람이 되어 갔다. 누군가 나에게 다가와도 적극적으로 환대하지 않았고, 누군가 나를 떠나가도 적극적으로 붙잡지 않았다. 진정 나는 외부로부터 자유로운 사람이 되어 가고 있다고 생각했다. 그때 나는 그것을 진정한 자유라고 믿었다. 타인에게 뛰어들지 않는 삶, 온도를 지나치게 높이거나 낮추지 않는 삶을 여러 계절 보내다 보니 어느덧 나는 이 삶에서도 결여된 무언가를 발견했다. 삶이 버겁고 무겁게 느껴졌다. 자유의 망망대해에서 홀로 방향을 결정해야 한다는 것, 누군가의 손길을 의존해선 안 된다는 것. 이러한 신념으로 나는 자발적으로 자신을 소외시켰다. 팬데믹이 세계를 더욱더 파편화한 뒤 나의 몸과 정신은 더없이 무너졌다.

어느 날, 서가를 뒤적이다가 칼 바르트의 『하나님의 인간성(The Humanity of God)』을 꺼내 읽게 되었는데 이런 문장이 담겨 있었다.

하나님의 자유는 본질적으로 '~으로부터의 자유'가 아니고 '~을 향한 그리고 ~을 위한 자유'인 것이다. 하나님은 인간을 향해 자유로우시다(칼 바르트, 『하나님의 인간성』, 새물결플러스).

무언가 쿵 하고 부딪혔고 쫙 하고 쪼개졌다. 이 문장은 도끼였다. 잠시 아득해졌지만 곧이어 갈라진 틈으로 빛이 들어왔다. 동시에 예수의 말씀이 겹쳐 들렸다. "수고하고 무거운 짐 진 자들아 다 내게로 오라 내가 너희를 쉬게 하리라"(마 11:28). 냉소, 책임, 소외로 표출되는 자유는 창조주의 자유가 아니었다. 나는 수고롭고 무거운 자유를 지고 있었다. 나는 다시 '~을 향한 자유'를 위해 걷기 시작했다.

처음에는 이전 삶으로 돌아가는 것은 아닌가 하는 두려움이 컸다. 광야의 이스라엘 백성이 이집트 시절을 미화한 것처럼, 나 또한 자유를 버리고 다시 노예가 되려는 것은 아닐까, 하는 의심이 생기기도 했다. 하지만 그때마다 가나안을 떠올렸다. 내가 본 빛은 이집트도, 광야도 아닌 가나안에서 비친 빛이었다. 나는 새로운 삶을 발견해야 했다. 자유롭게 사랑하는 삶, 훼손당하지 않으면서 훼손하지 않는 삶, 나와 너를 함께 살리는 삶. 가장 먼저 소극적 삶의 방식을 내버려야 했다. 내려놓은 사역을 다시 시작했다. 나를 넘어서 너를 돌보는 자리로 나아가는 것이 우선 할 일이었다. 하나님께 간곡히 기도했고 그분은 나를 지금의 공동체로 보내셨다. 나는 차츰 나로부터 해방되어 바깥을 지향하게 되었다. 공동체의 환대, 사랑, 봉사, 헌신. 어느덧 케케묵은 단어처럼 여겨지던 말들이 새로운 의미로 반짝이기 시작했다. 나는 결코 이전으로 돌아간 것이 아닌 새로운 국면에 이르렀다.

두 해 동안 사랑하려고 부단히 노력했다. 얼마 전 나의 사랑 여정에 중간 매듭을 짓게 된 일이 있었다. 청소년부 수련회 마지막 날, 한 아이와 새벽까지 대화를 나누었다. 관계적인 그 아이는 생각보다 나에 관해 잘 알고 있었다. 사람의 성향에 관한 주제로 이야기가 흘러갔는데, 그 아이는 나에게 이런 말을 했다. (그 아이는 전도사인 나를 다양한 방식으로 부른다) "처음 쌤을 봤을 때, 우리에 대한 마음이 순수하다고 생각했는데, 최근에는 그런 것만 같지는 않다는 생각을 했어요. 뭔가 의무 같은 게 섞여 있는 것 같아요. 오해하

사랑의 여정

지 마세요. 부정적인 말은 아니에요!" 며칠 동안 귓가에 맴돌았다. 서운하기도 했고 사실 일정 부분 맞는 말이기도 했다. 곰곰 생각하고 여러 결론을 내렸다. 사람에게 의무는 매우 중요하다. 하지만 의무가 관계의 본질보다 앞설 수는 없다. 아이의 말에 적지 않은 충격을 받은 걸 보면 실제로는 이 사랑과 의무의 관계를 제대로 성찰한 적이 없었던 것이다. 또한 아이의 말을 들은 나에게 서운함이 밀려온 것은 나의 존재가 아이들의 존재에 닿지 않는 것처럼 느껴졌기 때문이다. 해명하고 싶은 욕구를 저 멀리 흘려보냈다. 사랑과 관계의 역학을 어느 정도 경험으로 익혔다고 생각했는데, 아니었다. 나는 더 배워야 했다.

성경에서 신적 사랑의 극치를 보여 주는 장면을 꼽으라면, 나는 예수께서 십자가 처형을 당하시던 새벽을 떠올린다. 그분은 고독한 죽음을 당하기 전 사랑하는 제자 몇몇을 데리고 겟세마네 동산에 오르신다. "너희는 여기 머물러 나와 함께 있으라"(마 26:38)며 제자들이 자신의 고통을 함께 짊어지기를 원했지만, 제자들은 피로해 잠에 들고 만다. 끝내 예수는 차가운 밤을 홀로 보내신다. 나는 예수께서 이 쓸쓸함과 거절감을 어떻게 견뎌 내셨을지 감히 상상할 수 없다. 이어 부활하신 뒤 디베랴 호수에서 베드로에게 "네가 나를 사랑하느냐"(요 21:16)라며 끝까지 사랑할 수 있는 기회를 허락하신 그분의 신적 사랑은 경외감을 불러일으킨다.

며칠 전 아우구스티누스의 『그리스도교 교양』을 독서하던 중, 그리스도인이 취해야 할 사랑에 대한 큰 깨달음을 얻었다. 하나님은 교부의 글을 통해 다시 헤매는 나에게 말씀하셨다. 아우구스티누스는 어떠한 사물 혹은 대상과 관계 맺는 일을 설명하면서 '향유(frui)'와 '사용(uti)'이라는 대비되는 두 개념을 말한다. 대상 자체를 사랑하는 태도를 향유라고 부르고, 다른 목적을 위해 대상을 이용하는 태도를 사용이라고 부른다. 여기서 이용이란 부정적 개념은 아니다. 그러니까 인간은 무언가를 사랑할 때, 그 대상이 향유의 대상인지, 사용의 대상인지를 분별해야 하는데 이는 결코 어려운 일이 아니다. 향유의 대상은 향유자보다 더 온전한 존재여야만 그 향유의 수혜가 발생한다. 그렇기 때문에 아우구스티누스는 인간의 유일한 향유 대상을 창조자이신 하나님으로 보는 것이다. 만약 인간이 동등한 피조물을 향유하려고 한다면 그것은 사랑의 원리에서 벗어나기 때문에 필연 착취 내지는 숭배가 발생한다. 나는 아우구스티누스의 사랑론에서 적극적이면서도 상처받지 않는 사랑의 원리를 흐릿하게나마 발견했다. 사르트르는 타인을 지옥이라고 말했다. 우리는 줄곧 타인에게 천진난만하게 존재를 내주다가 상처를 입고 후퇴한다. 사랑의 실패는 굳은살이 되어서 우리를 끝내 사랑에 무감하게 만든다. 아우구스티누스에 따르면 사랑에는 신적 질서가 있다. 겟세마네 동산에서 차가운 밤을 홀로 보내셨던 예수도 아마 그 질서 속에 머물렀던 것 같다.

> 우리와 더불어 하느님을 향유할 수 있는 모든 이 가운데서 일부는 우리가 돕는 사람이고, 일부는 우리가 도움을 받는 사람이고, 일부는 그들의 원조를 우리가 필요로 하거나 그들의 곤궁을 우리가 덜어 주는 사람이고, 일부는 그들에게 우리가 이로움이 되어 주지도 못하고 그들에게서 우리가 기대할 수도 없는 사람들이다. 그렇지만 전부가 우리와 함께 하느님을 사랑하기를 바라야 하며, 우리가 돕는 것이든 우리가 도움을 받는 것이든 일체가 그 하나의 목적이신 분께로 귀결되어야 한다(아우구스티누스, 『그리스도교 교양』, 제1권, 29, 30, 분도출판사).

하나님

태초에 말씀이 계셨다. 그 말씀은 하나님과 함께 계셨다. 그 말씀은 하나님이셨다. … 그 말씀은 육신이 되어 우리 가운데 사셨다. 우리는 그의 영광을 보았다. 그것은 아버지께서 주신, 외아들의 영광이었다. 그는 은혜와 진리가 충만하였다(요 1:1-14).

예수께서 다만 잠시 동안 천사들보다 낮아지셔서, 죽음의 고난을 당하심으로써, 영광과 존귀의 면류관을 받아쓰신 것을, 우리가 봅니다. 그는 하나님의 은혜로 모든 사람을 위하여 죽음을 맛보셔야 했습니다 … 이 자녀들은 피와 살을 가진 사람들이기에, 그도 역시 피와 살을 가지셨습니다. 그것은, 그가 죽음을 겪으시고서, 죽음의 세력을 쥐고 있는 자 곧 악마를 멸하시고, 또 일생 동안 죽음의 공포 때문에 종노릇하는 사람들을 해방시키시기 위함이었습니다(히 2:9-15).

우리는 다양한 생각, 가치관, 해석이 서로 공존하는 세상을 살고 있다. 어느 모임에 가더라도 나와 동일한 생각을 가진 사람보다 다른 생각을 가진 사람들이 더 많이 있는 현실을 쉽게 마주한다. 그래서 우리에게는 삶을 살아가며 타인과 협의하여 서로가 양보할 수 있는 마지노선이 어딘지 고민하는 감각을 익혀 나가는 것이 중요하다. 현재를 기준으로 타인이 양보할 수 없는 지점과 내가 양보할 수 없는 지점 사이, 그 합의된 지대에서 우리는 서로 대화를 나누고 마음을 나누며 친구가 될 수 있다. 그럴 때 우리는 자유롭고 성숙한 소통과 관계를 이어 갈 수 있다. 타인이 정한 마지노선을 무리하게 넘어서려는 시도는 미성숙한 일이다. 그것과 동일하게 나의 마지노선을 한없이 내주는 것도 성숙하지 않은 일이다. 자신의 정체성을 지키기 위해 타인을 억압해서는 안 되고, 타인을 존중하다가 자신을 잃어버려서도 안 된다.

마지노선은 필요한 것이고 좋은 것이다. 만약 마지노선 없이 우리에게 다가오는 사람이 있다면, 그는 미지의 존재일 수밖에 없다. 도통 어떤 생각을 가지고 있는지 알 수 없는 미궁의 존재와는 관계를 맺을 수 없다. 그래서 나는 자신의 마지노선을 먼저 밝혀 주는 사람들을 좋아한다. 그리고 나 또한 마지노선을 최대한 먼저 타인에게 보여 주려고 한다. 마지노선을 서로 감추다 보면 긴장도 발생하지 않고 무언가 평화로운 상태가 유지되는 듯 보이지만, 그 상태는 사실 서로에 대한 궁금증, 노력, 의지가 없는 매우 미지근한 경우일 때가 다분하다. 그래서 사람들은 서로 다투고 나면 아이러니하게도 가까워진다. 서로의 마지노선을 마주할 때 비로소 사건이 발생한다. 그것이 살짝 불편할지라도 무언가 대화와 소통의 일들이 일어난다. 하지만 마지노선을 감추면 아무 일도 일어나지 않는다.

우리가 믿는 기독교 신앙에도 마지노선이 있다. 그 마지노선을 진리라고 바꾸어 부를 수 있다. 기독교는 우리에게 정말 많은 이야기를 해 준다. 어떤 이야기들은 기독교 바깥에서도 들을 수 있다. 가령 희망, 정의, 도덕, 자연에 대한 이야기는 기독교만 이야기하는 내용이 아니다. 이러한 부류의 이야기들은 여러 학문에서도 다루고, 심지어 다른 종교에서도 다룬다. 그렇다면 결코 타협할 수 없고 외부로 내줄 수 없는 기독교의 마지노선은 무엇일까. 바로 인간이 되신 하나님,

곧 성육신(incarnation)이다. 하나님이 인간이 되셨다는 사실을 받아들이거나, 받아들이지 않거나, 하는 문제는 그리스도인이냐, 그리스도인이 아니냐, 하는 문제로 이어진다. 그러니까 인간이 되신 하나님에 대한 믿음, 곧 예수님의 존재에 대한 믿음은 기독교 신앙의 근간이다.

하나님은 왜 인간이 되셨을까. 하나님이 하늘의 지루함을 견디지 못하여 잠시 땅으로 마실 나온 것처럼 성육신을 이해하면 곤란하다. 하나님이 인간이 되신 데는 명백한 이유와 목적이 있다. 바로 하나님은 인간을 '구원'하시기 위해 직접 인간이 되셨다. 창세기에 기록되었듯, 하나님은 아담에게 말씀하셨다. "선과 악을 알게 하는 나무의 열매만은 먹어서는 안 된다. 그것을 먹는 날에는, 너는 반드시 죽는다"(창 2:17). 아담은 사탄의 꾀에 넘어가 하나님의 말씀을 어기고 그분과의 관계를 스스로 단절해 버렸다. 이후로 이 세상에 죄가 들어왔다고 바울은 말한다. "그러므로 한 사람으로 말미암아 죄가 세상에 들어왔고, 또 그 죄로 말미암아 죽음이 들어온 것과 같이, 모든 사람이 죄를 지었기 때문에 죽음이 모든 사람에게 이르게 되었습니다"(롬 5:12). 인간은 죄를 짓지 않고는 살아갈 수 없는 존재가 되어 버린 것이다. 이 죄는 우리의 내면을 정직하게 들여다보면 금방 알아차릴 수 있는 부정적인 영향력들이다. "시기, 분노, 경쟁심, 비방, 수군거림, 교만, 무질서"(고후 12:20) 등 우리 내면은 깨끗하지 않은 것들로 가득하다. 아무리 윤리적이고 도덕적인 가르침을 받아도 우리의 본성은 부정적인 것들로 자연스럽게 이끌려 간다. 바울은 죄의 삯을 죽음이라고 말한다(롬 6:23). 여기서 삯이란 경제 용어로, 무언가를 얻기 위해 그에 걸맞게 지불해야 할 대가를 말한다. 죄를 지으며 사는 인간이 지불해야 할 것이 있는데 그게 바로 죽음이다.

모든 인간은 결국 죽는다. 죽음을 어떻게 표현할 수 있을까. 죽음은 끝이다. 죽음은 블랙홀처럼 모든 것을 빨아들인다. 살아생전 최선을 다해서 공부하고, 성실하게 일하며 살아도 결국 인간의 결말은 죽음이다. 죽음은 모든 인간이 본능적으로 느끼는 가장 불편한 것, 두려운 것, 곧 공포의 대상이다. 아무도 가 본 적 없는 곳이기 때문이다. 그래서 사람들은 죽음을 극복해 보려고 죽음을 아름다운 것으로 미화하거나, 시야에 나타나지 않도록 은폐하곤 한다. 하지만 죽음은 그런 인간들의 몸부림을, 그 영향력만으로 무참히 비웃는다. 시편 기자는 말한다. "사람이 제아무리 위대하다 해도, 죽음을 피할 수는 없으니, 미련한 짐승과 같다"(시 49:12).

하나님은, 인간을 죄와 죽음에서 구원하시기 위해 직접 인간이 되셨다. 하나님이 전능한 신이라면 자신의 자리에서 구원을 베풀면 되지, 굳이 인간이 되실 이유가 있었을까. 성경을 읽어 보면 하나님의 문제 해결 방식이 결과 중심적이지 않다는 걸 알 수 있다. '모로 가도 서울만 가면 된다'라는 말이 있다. 수단과 방법을 가리지 않고 목적만 이루면 된다는 뜻이다. 하나님은 자신의 말씀에 책임을 지시는 분이다. 절차를 마음대로 생략하거나 흔드는 분이 아니다. 하나님의 이러한 섬세함을 이해할 때 우리는 그분이 왜 인간이 되실 수밖에 없었는지를 알 수 있다.

아담의 범죄로 인해 인간은 죄와 죽음을 피할 수 없는 존재가 되었다. 창세기를 통해 우리는 죄의 본질이 하나님과 인간 사이의 관계 단절이라는 사실을 알 수 있다. 그렇기 때문에 죄로부터의 회복은 하나님과 인간 사이의 관계 회복이다. 다시 말해 구원의 본질은 하나님과의 깨어진 관계가 회복되는 것이다. 죄와 죽음에 놓여 있는 인간은 하나님 앞으로 나아올 수 없는 상황에 처해 있다. 그렇기 때문에 하나님은 자신이 먼저 인간에게 화해의 손길을 건네셨다. 화해에 있어서 가장 중요한 요소가 있다. 바로 중재자다. 중재자의 역할은 양쪽의 이야기 모두를 충분히 수용하고 공감하며 끊어진 관계를 다시 회복해 주는 것이다. 그래서 중재자는 모두의 입장을 진정으로 알아야 한다. 하나님과 인간 사이에도 그런 중재자가 필요했다. 그래서 인간에게 배반당한 하나님은 직접 중재자로 나서기로 결심한 것이다. 하나님을 완전히 이해하면서, 동시에 인간을 완전히 이해할 수 있는 존재라야 그 둘 사이를 중재할 수 있다. 그래서 하나님이 직접 인간이 되신 것이다. 성자 예수님은 하나님이자 인간으로서 중재자의 자리에 서 계신다. 예수님을 통해 하나님과의 화해를 이루며, 죄와 죽음으로부터 구원을 얻을 수 있는 길이 활짝 열리게 된 것이다. 히브리서 저자는 성자 예수님을 우리 모두가 충분히 기댈 수 있는 인간의 대표자로 묘사한다.

우리의 대제사장은 우리의 연약함을 동정하지 못하시는 분이 아닙니다. 그는 모든 점에서 우리와 마찬가지로 시험을 받으셨지만, 죄는 없으십니다. 그러므로 우리는 담대하게 은혜의 보좌로 나아갑시다. 그리하여 우리가 자비를 받고 은혜를 입어서, 제때에 주시는 도움을 받도록 합시다(히 4:15-16).

만약 하나님이 인간이 되어 주시지 않았다면 우리는 도무지 그분에게 나아갈 수 없었을 것이다. 자신의 영광스러운 자리를 내려놓고 우리를 구원하기 위해 누추한 자리로 오신, 또한 우리와 같은 초라한 인간이 되신 하나님, 예수 그리스도. 그분은 죄와 죽음에 놓여 있는 우리의 중재자이자 구원의 창시자이다.

너희는 나를 누구라고 하느냐

예수께서 빌립보의 가이사랴 지방에 이르러서, 제자들에게 물으셨다. "사람들이 인자를 누구라고 하느냐?" 제자들이 대답하였다. "세례자 요한이라고 하는 사람들도 있고, 엘리야라고 하는 사람들도 있고, 예레미야나 예언자들 가운데에 한 분이라고 하는 사람들도 있습니다." 예수께서 그들에게 물으셨다. "그러면 너희는 나를 누구라고 하느냐?" 시몬 베드로가 대답하였다. "선생님은 살아 계신 하나님의 아들 그리스도십니다." 예수께서 그에게 말씀하셨다. "시몬 바요나야, 너는 복이 있다. 너에게 이것을 알려 주신 분은, 사람이 아니라, 하늘에 계신 나의 아버지시다(마 16:14-17).

1세기 로마 제국, 유대 베들레헴과 나사렛, 헤롯과 빌라도, 요셉과 마리아의 아들, 그리고 목수. 예수는 인류사의 4대 성인이라고 불릴 만큼 일반 역사에서도 존경을 받는 인물이다. 신앙심이 없는 사람들도 줄곧 예수의 격언을 인용하거나, 그의 말과 행동에 찬사를 보내곤 한다. 예수는 명백히 역사적 인물이다. 그런데 역사 속에는 예수를 둘러싼 수많은 견해가 존재했고, 존재해 왔으며, 여전히 존재한다. 예수의 말과 행동을 지켜본 사람들 중 어떤 이는 그를 랍비(선생)라고 부르기도 했고, 선지자라고 부르기도 했으며, 세속 왕국을 건설할 메시아라고 부르기도 했다. 아주 근래에 들어와서 예수는 인류가 본받아야 할 도덕 교사로 불리기도 했고, 사회를 전복시킨 혁명가라고 불리기도 했다. 예수의 정체에 대한 궁금증은 인류 역사에서 사라진 적이 없다. 그분은 과연 누구일까. 기독교는 그분을 어떤 존재로 받아들이는 걸까.

집에 홀로 있는데 쿵, 쿵, 쿵, 하는 소리가 들린 뒤 적막이 흘렀다고 해 보자. 우리는 조심스럽게 현관문에 다가가서 입을 열 것이다. "누구세요?" 자, "어떻게 오셨나요?" 또는 "왜 문을 두드리시나요?"라는 질문은 나중 질문이다. '누구, 누구세요'라는 물음은 존재에 대한 질문이다. 우리는 자동 반사적으로 문 바깥에 있는 대상의 존재에 대해 묻는다. 만일 그가 택배

기사님이라면 '어떻게, 왜'와 같은 질문은 필요하지 않다. 그러니까 '존재'에 대한 질문은 언제나 '행동'에 대한 질문보다 앞설 수밖에 없는 것이다. 예수님은 고아와 과부, 그리고 환자와 죄인 곁에 머물며 그들에게 사랑을 베푸셨다. 수많은 사람이 이런 예수님에게, 그리고 오늘날 그리스도인들에게 이렇게 질문한다. "예수는 왜 가난한 사람들 곁에 있었나요?" 이 질문은 첫 번째 질문이 될 수 없다. 먼저 던져야 할 질문은 바로 이렇다. "예수는 누구인가?" 예수의 존재에 대한 질문을 던지지 않은 채, 기독교를 다른 방식으로 관찰하고 이해하려고 하는 사람들은 결국 온전한 진리를 깨닫지 못한 채 미끄러지고 만다. 그분의 존재가 그분의 말과 행동을 설명하기 때문이다. 그렇기 때문에 예수의 존재를 먼저 받아들일 때, 그분의 말과 행동이 이해되기 시작한다. 우리는 일상에서도 이러한 관계의 우선성을 경험하며 살아간다. 타인을 이해하기 위해 그의 말과 행동에 집중하면, 나와 다른 그가 도무지 이해가 되지 않는다. 그런데 그 상대방의 이야기를 들으며 그 존재 자체를 받아들이게 되면, 이전에는 이해가 되지 않았던 것들이 하나씩 나름의 방식으로 이해되는 경험을 하곤 한다. 기독교 신앙을 받아들일 때도 마찬가지다. 예수의 존재에 대한 관심 없이 기독교를 어떠한 종교, 철학, 사회학적 질문으로 다가간다면 결코 진리를 발견할 수 없다. 그러니까 우리가 가져야 할 첫 질문은 유일하다. "예수님, 당신은 누구입니까?"

가이사랴 빌립보 지방에서 예수님은 먼저 제자들에게 물으셨다. "사람들이 인자를 누구라고 하느냐?" 대중의 웅성거리는 소리를 들은 제자들은 대답했다. "세례자 요한이라고 하는 사람들도 있고, 엘리야라고 하는 사람들도 있고, 예레미야나 예언자들 가운데에 한 분이라고 하는 사람들도 있습니다." 당시 유대인들은 예수님의 사역에 큰 관심과 흥미를 가지고 있었다. 그분은 병으로 고통을 받는 사람을 치유하기도 했고, 귀신 들린 사람을 고치시기도 하셨다. 예수님의 모습을 지켜본 유대인들은 예수님의 정체를 제각각 상상하고 이해했다. 제자들의 이야기를 들은 예수님은 다시 묻는다. "그러면 너희는 나를 누구라고 하느냐?" 허다한 사람들은 예수님 자신을 가리켜 여러 말을 하고 있지만, 그것과 관계없이 제자들에게 직접 묻는 것이다. 이런 말일 테다. "다른 사람들은 이런저런 말들을 하겠지만, 나와 동행해 온 너희는 나를 누구라고 생각하느냐?" 존재에 대한 질문이다. 그리고 이 질문은 2000년 동안 모든 그리스도인에게 전달된 질문이기도 하다. 우리는 지금 이 자리에서 제자들과 동일하게 예수님의 질문 앞에 서 있다. 사람들이 예수를 4대 성인으로 부르고, 기독교의 창시자라고 부르며, 윤리와 도덕을 가르치는 교사 및 혁명가라고 부르는 가운데, "너희는 나를 누구라고 하느냐?" 우리는 이 질문을 피해 갈 수 없다. 그분의 존재에 대한 답변을 해야 한다.

그분의 사랑하는 제자 베드로가 대답했다. "선생님은 살아 계신 하나님의 아들 그리스도십니다." 살아 계신 하나님의 아들, 그리스도. 베드로는 대중과 전혀 다른 답변을 내놓았다. 베드로의 이 고백은 우리의 고백이 되어야 한다. 예수님은 성자 하나님, 곧 그리스도다. 베드로는 예수님의 참된 존재를 고백했다. 그리고 예수님은 베드로를 칭찬하시며 이런 말씀을 하셨다. "시몬 바요나야, 너는 복이 있다. 너에게 이것을 알려 주신 분은, 사람이 아니라, '하늘에 계신 나의 아버지'시다." 예수님의 이 답변에 기독교의 인격적인 신비가 담겨 있다. 예수님의 존재를 깨닫는 것, 곧 하나님에 대한 앎을 얻는 것은 인간이 할 수 있는 일이 아니다. 예수님의 존재를 알려 주시는 분은 하늘에 계신 성부 하나님이다. 이것은 왜 인격적인 신비인가. 창세기는 인간 죄성의 근원이 선과 악을 파악하고자 하는 욕망에서 비롯했다고 증거한다. 특히 이성과 합리성을 추구하는 세상을 살고 있는 현대인들은 일방적인 지식에 익숙하다. 대상을 선정하고, 그 대상을 파악하는 것을 지식으로 여긴다. 그 지식에 관계성이라는 건 들어설 자리가 없다. 모든 걸 샅샅이 파헤치고, 밝혀 낸다. 그러니까 모든 존재가 실험의 대상이자, 분석의 대상이 되어 버린 것이다. 한 대상의 존재에 조심스럽게 다가서려는 마음과 행동이 일상에서도 서서히 사라지고 있는 시대다.

반면 기독교가 말하는 앎, 지식은 상호적이고 관계적이다. 대상에 다가서려고 해도, 그 대상이 자신을 보여 주지 않으면 알 수 없다. 그것이 자유로운 상호 간의 관계다. 만약 우리가 대상을 알았다고 말할 때도 우월한 마음을 가져서는 안 된다. 그 대상이 우리에게 자신을 열어 보여 주었기 때문에 우리가 그 대상을 알 수 있는 것이니까. 이것이 바로 기독교의 인격적인 신비다. "너에게 이것을 알려 주신 분은, 하늘에 계신 나의 아버지시다." 인간의 강력한 의지만으로 하나님을 알아 갈 수 없다. 그분은 인간의 욕망과 지식에 포섭당하지 않는 분이다. 그렇기 때문에 우리는 하나님이 자신을 우리에게 보여 주시는 방식에 맞추어 그분에게 다가서야 한다. 하나님은 예수 그리스도를 통해 자신을 우리에게 드러내셨다. 그리고 예수 그리스도를 통해 우리와 관계를 맺길 원하신다. 그렇기 때문에 우리 모두는 먼저 이 질문에 대한 온전한 대답을 해야 하는 것이다. "너희는 나를 누구라고 하느냐?"

예수의 정치학

그들은 갈릴리 맞은편에 있는 거라사 지방에 닿았다. 예수께서 뭍에 내리시니, 그 마을 출신으로서 귀신 들린 사람 하나가 예수를 만났다. 그는 오랫동안 옷을 입지 않은 채, 집에서 살지 않고, 무덤에서 지내고 있었다. 그가 예수를 보고, 소리를 지르고서, 그 앞에 엎드려서, 큰 소리로 말하였다. "더없이 높으신 하나님의 아들 예수님, 당신이 나와 무슨 상관이 있습니까? 제발 나를 괴롭히지 마십시오." 예수께서 이미 악한 귀신더러 그 사람에게서 나가라고 명하셨던 것이다. 귀신이 여러 번 그 사람을 붙잡았기 때문에, 사람들이 그를 쇠사슬과 쇠고랑으로 묶어서 감시하였으나, 그는 그것을 끊고, 귀신에게 몰려서 광야로 뛰쳐나가곤 하였다. 예수께서 그에게 물으셨다. "네 이름이 무엇이냐?" 그가 대답하였다. "군대입니다." 많은 귀신이 그 사람 속에 들어가 있었기 때문이다. 귀신들은 자기들을 지옥에 보내지 말아 달라고 예수께 간청하였다. 마침 그곳 산기슭에, 놓아 기르는 큰 돼지 떼가 있었다. 귀신들은 자기들을 그 돼지들 속으로 들어가게 허락해 달라고 예수께 간청하였다. 예수께서 허락하시니, 귀신들이 그 사람에게서 나와서, 돼지들 속으로 들어갔다. 그래서 그 돼지 떼는 비탈을 내리달아서 호수에 빠져서 죽었다. 돼지를 치던 사람들이 이 일을 보고, 도망가서 읍내와 촌에 알렸다. 그래서 사람들이 일어난 그 일을 보러 나왔다. 그들은 예수께로 와서, 귀신들이 나가 버린 그 사람이 옷을 입고 제정신이 들어서 예수의 발 앞에 앉아 있는 것을 보고, 두려워하였다. 처음부터 지켜본 사람들이, 귀신 들렸던 사람이 어떻게 해서 낫게 되었는가를 그들에게 알려 주었다. 그러자 거라사 주위의 고을 주민들은 모두 예수께, 자기들에게서 떠나 달라고 간청하였다. 그들이 큰 두려움에 사로잡혔기 때문이다(눅 8:26-37).

갈릴리 바다 남동쪽에 위치한 거라사, 그 지역 이름의 히브리어 어근은 '가라쉬'로서 '축출하다'라는 뜻을 가지고 있다. 갈릴리 동쪽 지역에는 유대인이 살긴 했지만 주로 이방인이 거주했다. 이곳에 귀신 들린 사람이 있었는데 그는 예수를 만났을 때 '더없이 높으신 하나님(신)의 아들'이라는 칭호를 사용했다. 이는 유대 종교뿐만 아니라 헬라 종교에서 주피터(제우스)를 찬양할 때 사용했던 표현이다. 그렇기 때문에 귀신에 사로잡힌 이 사람은 단순히 유대교적 맥락에서 여호와 하나님을 알아차렸다기보다 이방인의 맥락, 곧 로마 제국의 맥락에서 하나님을 인식하고 그것을 매우 자연스럽게 표출했을 가능성이 적지 않다. 그러니까 이 본문은 더없이 높으신 하나님의 아들이 군대라고 불리는 악령 무리를 축출한 사건이라고 볼 수 있다.

나는 이 강렬한 서사를 프랑스의 인류학자인 르네 지라르의 희생양 이론의 관점에서 읽었고, 이에 더해 로마 제국에 대한 예수의 대항적 메시지를 본문에서 읽어 낼 수 있었다. 거라사의 귀신 들린 사람 이야기에는 두 가지 흐름이 있다. 악령들의 이야기와 인간들의 이야기다. 영의 원리와 육의 원리가 복잡하게 얽히고설켜 있다. 국내에서 2023년에 개봉되었던 〈잠〉이라는 미스터리 영화가 있는데, 이 작품은 관객들이 귀신 들림과 몽유병 사이에서 사태를 진단할 수 없도록 답답한 혼란을 만들어 낸다. 역시 같은 해 개봉되었던 〈엑소시스트: 더 바티칸〉은 실제로 바티칸에서 수석 퇴마사로 일했던 가브리엘 아모스 신부의 이야기를 담고 있다. 인상적인 장면은 엑소시즘에 대한 교황청 성직자들의 서로 다른 입장이 담긴 토론 현장이다. 귀신 들림 현상을 겪고 있는 사람을 전통적 시각에서 구마 사역의 대상으로 볼 것인가, 아니면 정신 질환의 한 형태로 볼 것인가, 하는 게 논점이다. 인간의 총체성을 이해했을 때, 영과 육은 떼려야 뗄 수 없는 관계에 놓인다.

거라사의 귀신 들린 사람 이야기에는 하늘의 악과 땅의 악이 한데 어우러진 그곳에서 곤경을 겪는 불쌍한 한 인간과, 하늘과 땅의 악을 내쫓고 해방을 선포하는 예수가 등장한다. 예수를 실은 배는 거라사 지방에 정박했고, 예수는 한 마을로 들어선다. 그곳에는 악한 귀신에 사로잡힌 사람이 있었다. 그는 그 마을 출신이었다고 누가는 기록한다. 그는 벌거벗은 채, 집이 아닌 무덤에서 살아가고 있었다. 그러니까 그는 죽음과 가까운 곳에 있었던 것이다. 그의 몸에는 쇠사슬과 쇠고랑이 뒤엉켜 있었다. 본문은 그 마을 사람들이 귀신 들린 사람을 묶어 두고서 그를 감시하고 있었다며 의미심장한 증언을 한다. 예수는 귀신 들린 사람에게 다가가 그 사람에게서 나가라고 명한다. 그러자 귀신은 반응한다. "더없이 높으신 하나님의 아들 예수님, 당신이 나와 무슨 상관이 있습니까?" 예수는 반문한다. "네 이름이 무엇이냐?" 귀신은 답한다. "군대입니다." 여기서 군대는 로마 제국의 군사 용어 '레기온'으로서 약 4,000명 정도 되는 군단을 의미한다. 귀신 무리는 자신들을 지옥으로 보내지 말고 돼지 떼로 들어가게 해 달라고 예수에게 요청한다. 예수는 이 요청을 허락했고, 귀신 무리는 돼지 떼로 들어가 바다로 내달리게 하여 몰살시키고 만다. 이 현장을 목격한 돼지를 치던 사람들은 마을로 도망가서 자신들이 본 것을 말했고, 마을 사람들은 하나같이 현장으로 몰려들었다. 현장에 남아 있던 사람은 두 사람, 곧 예수와 귀신에게서 해방을 얻은 자였다. 오랫동안 악령에게 사로잡혔던 사람은 옷을 입고 정신을 차린 채 예수의 발 앞에 앉아 있었다. 그런데 누가는 마을 사람들이 그 현장을 목격하고 두려움에 떨었다고 기록한다. 심지어 큰 두려움에 떨며 예수에게 자신들의 마을을 떠나 달라고 간청하기까지 한다.

아무리 생각해도 이상하다. 마을 사람들은 이 놀

라운 해방의 현장을 왜 두려워했을까. 여기에 '은폐된 진실'이 있다고 르네 지라르는 말한다. 그는 귀신 들린 사람이 이 마을 공동체의 희생양이었다고 주장한다. 오랫동안 인류는 공동체 내부의 위기를 잠재우기 위해 희생양을 만들었다. 큰 폭력을 감추고 예방하기 위해 작은 폭력을 공동체가 합의하여 창출해 내는 방식이 바로 희생양 메커니즘이다. 이는 무고한 피를 흘려 벌 받아야 할 피를 감추는 공동체적 범죄다. 악한 일을 일삼고 은폐하려는 공동체는 꾸준히 희생양으로 적합한 대상을 찾아 나선다. 역사 속에서 희생양은 언제나 사회의 가장자리에 있는 사람들이었다. 공동체 안에 있지만, 그렇다고 확실하게 공동체를 누리고 있다고 말할 수 없는 힘없는 사람들이 희생양에 적합했다. 고대에는 어린아이들이 희생양이었고, 중세에는 마녀라는 누명을 가진 여성들이 희생양이었으며, 근대 유럽에서는 유대인들이 희생양이었다. 현대에도 희생양이 되기에 적합한 조건에 놓인 수많은 사람들이 그 자리로 내몰리고 있다. 물론 예수도 희생양 메커니즘의 한가운데서 죽음을 맞이했다. 거라사 주위의 마을 사람들은 쇠사슬과 쇠고랑으로 귀신 들린 사람을 무덤가에 단단히 묶어 놓고 감시했다. 귀신은 여러 번

사슬을 끊고 숙주를 마을 바깥으로 데리고 나갔고, 마을 사람들은 귀신 들린 사람을 매번 희생양의 자리, 곧 죽음의 자리로 데리고 와 결박했다. 희생양은 필연 공동체에서 추방을 당해야 하는 존재이기 때문이다. 이는 귀신과 인간의 합작을 보여 준다.

그렇다면 마을 사람들이 두려워했던 이유, 곧 은폐하려 한 진실은 무엇이었을까. 분명 확실하다고 말할 수는 없지만, 본문은 거의 확실한 맥락을 드러낸다. 군대와 돼지. 군대, 레기온은 로마 제국의 평화(Pax Romana)가 감추고 있는 헤게모니의 실체다. 로마 제국이 자신의 광범위한 국경을 보존하고 더욱 넓히는 데 사용한 수단은 화해와 협력이 아닌 지배와 무력이었다. 피식민지 팔레스타인의 모든 고을의 생존은 제국의 질서에 협조할 것인가, 협조하지 않을 것인가, 하는 문제에 달려 있었다. 이러한 맥락에서 본문 속 마을 공동체가 돼지 가축업에 종사했다는 사실은 이 마을 전체가 로마 제국에게 긴밀하게 협력했다는 사실을 뒷받침해 준다. 오늘날에도 유대인들은 돼지를 식탁에 올리지 않을 정도로 수천 년 동안 돼지에 대한 부정적 인식을 가지고 있다. 율법이 돼지를 부정한 동물로 규정하기 때문이다. 반면 로마인들의 삶에서 돼지는 일상이었다. 로마인들의 식탁에는 언제나 돼지고기가 올라왔고, 돼지는 로마 제국 종교의 제물이었다. 유대인들에게 돼지는 적의 식사였다. 그러니까 귀신 들린 사람이 살던 마을 공동체는 로마 제국의 문화, 경제, 종교 시스템에 기대어 자본을 축적하고 있었다고 예상할 수 있다. 거대 제국의 식민주의에 동조하는 마을. 어느 날, 그 마을의 한 사람이 귀신에 사로잡혔는데, 그 귀신의 이름이 '레기온'이었던 것이다. 마을 사람들은 귀신 들린 사람을 무덤가로 내몰아 자신들의 공동체적 죄를 은폐했다.

예수는 귀신에 사로잡힌 사람을 해방했고 마을 사람들은 큰 두려움에 사로잡혔다. 은폐된 악이 모조리 폭로되었다. 나는 이 본문에서 예수의 정치학을 발견해야 한다고 생각한다. 예수는 그의 첫 번째 시선을 제국에도, 레기온에도, 돼지에도 두지 않았다. 그의 눈에 가장 먼저 들어온 대상은 오직 귀신에 사로잡힌 '사람'이었다. 사람을 구원하려는 마음과 행동이 은폐된 죄악을 스스로 폭로하게 만들었다.

그는 태초에 하나님과 함께 계셨다. 모든 것이 그로 말미암아 창조되었으니, 그가 없이 창조된 것은 하나도 없다. 창조된 것은 그에게서 생명을 얻었으니, 그 생명은 사람의 빛이었다. 그 빛이 어둠 속에 비치니, 어둠이 그 빛을 이기지 못하였다(요 1:2-5).

예수를 구원하려는 시도

"예수는 따를 만한 좋은 선생님이지만, 하나님이 선한 신인지는 잘 모르겠습니다."

어느 청년이 나에게 한 말이다. 이야기를 차근히 들어 보니 교회에 적지 않게 실망을 한 모양새였다. 세상이 무척 혼란하고 복잡했던 시절, 하나님과 세계 사이의 괴리를 교회에서 해결하지 못한 것이다. 그는 끝내 교회를 떠났고, 성서 속 예수를 다시금 탐구하고자 노력했다. 그에게 예수라는 존재는 사회적 불의에 과감히 저항함으로써 약한 자들 곁에 머문 혁명가로 굳어져 갔다. 반면 하나님은 제도화된 종교의 권력자들이 만들어 놓은 신 관념이라고 판단했다. 그렇게 그 청년은 오랜 세월 예수를 존경하면서도 하나님을 신앙할 수 없었다. 그가 나에게 찾아온 것은 때마다 직면하게 되는 내면의 허기 때문이었다. 그는 하루에도 수십 번씩 포기하고 싶은 일상을 견뎌내야 할 이유를 도무지 찾지 못했고, 다들 살아가니 그저 살아가야 한다는 당위에 별다른 도움을 받지 못하는 삶을 살고 있었다.

안타깝게도 우리 사회에서 하나님은 더 이상 예수와 어울리지 않는 단어가 되었다. 하나님의 이름을 내세워 세속적 영향력을 키우고 자본을 끌어모으는 종교 집단이 만연하다. '하나님의 이름을 망령되이 일컫지 말라'는 십계명의 제3계명은 오늘날 처참히 묵살당하고 있다. 거룩한 하나님의 이름은 이곳저곳에서 오염되고 있다. 그래서 많은 이가 신앙을 지키기 위해 하나님의 이름을 버려야 하는 곤경에 놓이고 있다. 신앙 너머의 예수에 대한 애착은 왜곡된 기독교가 만들어 낸 반사작용이다. '혁명가 예수', '해방자 예수', '철학자 예수.' 오염된 하나님의 이름 바깥 세상으로 예수를 구출하고자 하는 시도들이다. 의도와는 달리 구원자 예수는 우리가 구원해야 할 가녀린 대상으로 축소되고 말았다.

예수를 중심으로 한 하나님 존재에 대한 인식이

결여되었을 때 소극적이고 왜곡된 예수 구출 현상이 나타난다. 예수와 관련하지 않은 하나님 관념을 마주했을 때, 그것을 인간의 잘못된 욕망이 반영된 우상으로 여겨야지 섣불리 예수를 하나님에게서 분리해선 안 된다. "나를 본 자는 아버지를 보았거늘 어찌하여 아버지를 보이라 하느냐"(요 14:9). 아버지와 자신을 일치하시는 예수의 말씀은 도리어 신앙의 현실성을 외친다. 예수를 통해 하나님을 볼 수 있는 가능성이 우리에게 열린 것이다. 예수가 혁명가라면, 마땅히 하나님은 혁명하시는 분이다. 예수가 해방자라면, 하나님은 해방하시는 분이다. 예수가 철학자라면, 하나님은 사유하시는 분이다. 예수에 대한 앎은 결코 신앙을 비신화화하는 계몽과 관련하지 않는다.

이중직, 유령에서 사람으로

이중직을 나의 가야 할 길로 확신한 건 신학과 학부 2학년, 스물한 살 때다. 종교 배경이 없는 가정에서 자란 나는 목사의 삶을 잘 모른 채 신학교에 입학했다. 목사의 종교적 역할은 막연하게 알았지만 목사직이 교회와 사회 안에서 어떻게 유지되는지는 알지 못했다. 신학교 첫 학기가 시작하자마자 나는 움츠러들었다. 각 교단과 지역에 따라 신학생들은 무리를 지었다. 강의실에서 어느 교수님은 1학년 학생에게 아버지의 근황을 묻기도 했다. 다들 서로를 잘 알고 있는 듯 보였다. 가장 힘들었던 것은 그들이 공유하는 언어에 참여하지 못하는 내 모습이었다. 서울의 어느 교회, 어느 목사님, 어느 교단. 도통 이해할 수 없고 공감할 수 없는 말들이었다. 비신자 부모님을 간신히 설득해서 입학한 신학교인데 나는 신학교 생활에 최선을 다하지 못했다. 당장이라도 도망가고 싶었지만, 혹시 나의 올곧지 못한 모습이 부모님에게 신앙의 걸림돌이 되지는 않을까 하여 참고 버텼다.

첫 학기는 다행히 학사 경고를 면할 정도의 성적으로 종강을 맞이했다. 둘째 학기 때는 친구들을 몇몇 사귈 수 있었다. 모두 나와 비슷한 처지의 아이들이었다. 하나님이 좋고 교회가 좋아서 신학교에 입학한 무지렁이들이었다. 우리는 학교 수업을 간신히 듣고 운동장으로 가서 축구를 하거나 강으로 나가 낚시를 하기에 바빴다. 방학이 되면 전국을 유랑하며 청소년 캠프들을 섬겼다. 캠프를 주관하는 선교 단체들은 교통비를 지원해 주지 않았기 때문에 일용직 아르바이트를 통해 교통비를 벌었다. 개강이 다가오면 가장 먼저 호기롭게 학자금 대출을 신청했고 우울하게 신학교 기숙사에 들어갈 준비를 했다.

2학년이 되자 학생들이 하나둘 전도사로 사역을 나가기 시작했다. 한 선배가 강의실에 앉아 있는 나에게 왜 3월인데 아직도 사역지를 안 알아보는지 물었다. 그때 나는 교회에 사역자로 들어가는 절차가 무엇인지 알지 못했다. 선배는 나에게 갓피플 사역자 청빙 게시판을 알려주었고 그날 나는 하루 종일 웹사이트를 들락날락하며 스크롤했다. 게시글은 꽤 많았다. 내가 들어갈 수 있는 교회들이 이토록 많다는 사실이 신기했고 약간의 안도감이 생기기도 했다. 거의 매일 게시판을 확인하며 내가 가고 싶은, 혹은 갈 만한 교회들을 고르고 살펴봤다. 며칠 뒤, 학교 카페에서 학과 동기들과 대화를 하게 되었다. 나는 요즘 근황을 나누다가 동기들에게 갓피플을 신나게 전파했다. 몇몇은 관심을 가지고 나의 이야기를 들었지만, 몇몇은 시큰둥했다. 나는 시큰둥한 동기들이 사역에 관심이 없구나, 하며 그 시간을 흘려보냈다. 알고 보니 그 시큰둥한 동기들은 모두 자신의 모교, 곧 아버지의 교회에서 이미 사역을 하고 있었다. 나중에 그 이야기를 듣고는 괜히 부끄러운 마음이 들었다.

나를 비롯한 무지렁이 공동체는 사역지에서 꾸준한 실패를 맛봤다. 담임 목사님의 생일을 챙기지 않아 결국 해고를 당한 놈, 면허가 1종 보통이 아니라는 이유로 출근 첫날 계약 파기를 당한 놈, 새벽 예배 때 졸아서 조인트를 맞은 놈. 연고 없는 우리는 점점 갓피플 철새가 되어 갔다. 다행히 우리는 사역을 마친

매주일 저녁 자취방에 모여서 신나게 놀며 서로를 위로했다. 그러다가 줄곧 기타를 꺼내 함께 찬양을 하고 소박한 기도회를 열었다. 가장 두려웠던 것은 우리 안에 차곡차곡 쌓여 가는 교회에 대한 냉소와 미움이었다. 신학교에 오지 않았더라면 어땠을까, 하는 초라한 생각이 들기도 했다. 딜레마에 놓였다. 교회를 사랑하기로 하면 나를 잃었고, 나를 지키기로 하면 교회는 나를 버렸다. 무엇이 잘못된 것일까, 하는 불안한 고민에 한동안 잠겨 있었다. 이 시기에 사랑하고 존경하는 선배 사역자가 마흔의 나이에 교회에서 불합리한 해고를 당했다. 사역자에게 교회의 의미는 삶의 공동체이자 경제적 기반이다. 그분은 한순간에 가족과 직장을 잃었다. 다음달 월급 중단은 물론 퇴직금도 없다. 사회 보장 시스템 바깥에 있으니 긴급한 실업 급여도 받을 수 없고 훗날 연금 또한 존재하지 않는다. 철새는 공동체라도 있지 사역자는 유령이다. 그분은 교회로 채용을 받기 어려운 나이에 실직했고, 다시 채용을 받는다 하더라도 재차 이런 방식으로 해고를 당하면, 그때는 더욱 막막한 상황이 될 것이라고 말했다.

나는 그때 이중직을 결정했다. 도무지 목회자가 되는 것은 포기할 수 없었다. 가장 사랑하는 일을 해야만 했다. 한국 개신교 사역자가 처한 경제 환경은 사회 보장이 없는 시장 체제다. 생존을 가능하게 하는 사적 인프라를 가지고 있거나, 개인의 역량으로 살아남거나, 그 두 가지 경로뿐이다. 최근 들어 4대보험을 가입해 주는 소수의 교회가 있긴 하지만, 한국 개신교에는 실제로 작동하는 공공의 최소 경제 울타리가 아직 없다. 이는 어쩌면 자유의 종교인 개신교의 최대의 폐단일지도 모르겠다. 이러한 파편화된 시스템으로 성령의 공동체라고 하는 교회가 가능하기는 한 걸까, 하는 의문이 사라지지 않았다. 그래서 교회의 형태에 대한 질문을 가지기 시작했다. 내가 자발적으로 헌신한 직책이 갖는 어려움 때문에 교회의 옳고 그름을 논하는 것이 못내 불편했다. 이중직을 말하는 것에도 일말의 죄책감이 있었다. 하지만 시간이 흐르면서 내가 교회와 사역자의 관계를 잘못 설정하고 있었다는 사실을 알게 되었다. 사역자는 교회를 '위한 존재'이기 전에 교회가 '필요한 존재'라는 사실을 서서히 깨닫게 되었다. 내가 교회를 그토록 세우고 섬기고 싶었던 이유는 다름 아닌 교회를 절실히 원했기 때문이다. 그런데 어느 순간 나는 사역자가 기능인으로서 존재하는 세계에 들어와 버렸다. 끝내 교회의 가족이 될 수 없는 시스템이었다. 과정에서 의미를 찾으라는 말은 격려일 뿐 진짜 해결책은 아니었다. 성원권을 얻은 사람이 된 듯 기뻐하다가도 무색하게 유령으로 전락했다. 그래서 나는 교회를 더욱 적극적이고 자유롭게 갈망하기 시작했다. 사역자가 소외되고 소비되는 교회가 아닌 이 땅을 함께 살아갈 지속가능한 가족 공동체를 바랐다. 그래서 일하는 목회자가 되는 것이 첫 번째이자 마지막 과제가 된 것이다.

최근 이중직에 대한 어느 유명 목사님의 부정적 발언이 화제가 되었다. 나는 그분의 말에 의미값이 아예 없다고 생각했다. 교회론을 논하지 않고 이중직 자체의 가부만을 따지는 건, 지지부진한 토론을 낳는, 절차가 어긋난 생각이다. 교회는 무엇인가, 라는 질문에 대한 답변에서 이중직의 가능성이 파생한다. 교회를 생산자인 사역자와 소비자인 평신도의 조직체로 구성했다면 이중직은 기능적으로 불가능하다. 하지만 교회를 생산자와 소비자가 따로 구분되지 않는 멤버쉽 형태의 조직체로 구성한다면 이중직은 가능하다. 사실 후자의 모델에는 이중직이라는 단어조차 불필요하다. 바울의 공동체는 천막 장사를 하는 바울에게 이중직 사역자라는 수식어를 붙이지 않았을 것이다. 현대의 목회자들이 바울처럼 일반 시장에서 노동을 하는 것은 더 이상 성직자의 이중직 담론이 아닌, 교회론적 맥락에서 바라보아야 할 선교적 담론이다. 더 나아가 이후에는 노동에 대한 그리스도인의 영성 문제로 단순하게 다루어져야 한다. 나는 책을 만드는 직업을 가진 교회 사역자다. 아주 예전에는 이중직 담론의 신학적 타당성 근거에 집중하기도 했다. 그러나 현재는 그리스도인의 노동 윤리에 집중하고 있다. 신학을 전공한 이로서 옳은 방식으로 일을 하며 나의 교회 공동체와 사회에 선한 기여를 하고 싶다. 사실 나뿐만 아니라, 교회의 가족 모두가 이러한 두 가지 정체성을 가지고 세상과 교회를 가꾸고 있다. 아래의 유명한 바울의 말은 신학 전공자만을 위한 것이 아닌, 교회를 세워 가는 모든 신자를 위한 것이다.

> 우리는 여러분 가운데 아무에게도 폐를 끼치지 아니하려고, 밤낮으로 일을 하면서 하나님의 복음을 여러분에게 전파했습니다(살전 2:9).

낯섦의 사랑

가령 누군가 나는 보라색을 좋아해, 라고 말한다면 문제가 되지 않는다. 문제를 일으키는 건 이 세상은 온통 보라색이야, 라고 말하는 사람이다. 더구나 보라색에 매료된 그 사람이 힘이 센 사람이라면 노란색을 좋아하거나 초록색을 좋아하는 사람은 침묵을 선택할 수밖에 없다. 소외의 대상은 비단 사람만이 아니다. 푸르무레한 들꽃도, 타들어 가는 낙엽목도, 울긋불긋한 옷을 입은 우리 집 고양이 가을이도 단번에 무색의 미지근한 존재가 되고 만다. 살면서 문득 서늘함이 나의 마음에 휘몰아칠 때가 있는데 그건 내 주변에 낯선 존재가 더 이상 없음을 알아차릴 때다. 일정한 공간, 일, 사람 곁에서 일어나는 안정감은 때로 불안감을 일으킨다. 약소한 내가 광활한 생명을 품는 대양이 될 수 없음을 모르는 바는 아니지만, 그렇다고 경계를 넘어서지 않는 삶의 태도가 속 편한 건 아니다. 죄를 지은 첫 사람 아담에게 하나님은 네가 어디 있느냐, 라고 물었다. 이따금 말의 겉뜻은 무참한 속뜻을 가리기 위한 발신자의 배려이기도 하다. 자발적 소외를 선택한 아담이 직시하고 탈피해야 했던 건 다름 아닌 그의 작디작은 공간이었을 테다.

얼마 전 환상문학을 왜 좋아하느냐는 물음을 받았다. 환상문학에 대한 나의 끌림은 초현실을 향한 단순한 도피 욕구에서 비롯한 것일까. 구태여 부정하고 싶지는 않다. 하지만 조금 더 정확하게 말하면 나의 환상문학에 대한 애정은 벗어나기 위함일뿐더러, 들어가기 위함이다. 현실에서 초현실로. 아니, 나의 정상성 너머에 있는 또 다른 정상성을 향한 도전이다. 톨킨의 『호빗』을 즐겁게 읽었다. 드워프, 요정, 고블린, 인간 등 여러 종족이 협력, 또는 충돌하며 중간계의 평화가 위태롭게 유지된다. 가장 인상적인 장면은 드워프 킬리와 요정 타우리엘이 사랑에 빠지는 모습이다. 그 둘은 자신을 형성한 사회가 강요한 정상성의 신화를 깨뜨리려고 몸부림치는 아름다운 존재들이다.

나는 다이안 아버스의 사진을 좋아한다. 중형 핫셀

블라드를 목에 메고 변두리를 거닐던 그녀가 촬영한 피사체는 퀴어다. 뉴욕이라는 현실에서는 도통 만날 수 없는 초현실에 사는 사람들. 그들은 주류 사회가 정한 정상성의 범주에 들어오지 못하여 밀려난 또 다른 정상성의 사람들이다. 초연결사회라고 불리는 세상이 꾸준히 의심스럽다. 우리는 정말 연결되어 있는 것일까.

사람은 그가 살아온 정황에 의해 형성된다. 정황은 마치 음식물과 같아서 먹은 대로 살이 되고 마신 대로 피가 된다. 사람은 정황의 유기체다. 그렇기 때문에 한 사람과 관계하는 일은 전대미문의 사건이다. 동일한 정황을 섭취한 사람은 없기에, 동일한 만남도 없는 법이다. 시인 정현종은 이렇게 썼다. "사람이 온다는 건 실로 어마어마한 일이다. 그는 그의 과거와 현재와 그리고 그의 미래와 함께 오기 때문이다." 그렇게 우리는 서로에게 필연 낯선 존재일 수밖에 없다.

낯섦은 익숙의 반대다. 이 반대는 위치와 방향 따위가 서로 맞서는 반대가 아닌, 행동이나 견해 따위에 대한 거스름으로서의 반대다. 낯섦은 익숙을 거스른다. 낯섦은 타인을 발견할 때 경험하는 감정이며, 익숙은 타인에게서 자신을 발견할 때 경험하는 감정이다. 어느 날 아내로부터 낯설다는 말을 들은 적이 있다. 서운하면서도 기뻤다. 그녀가 나를 낯설게 느낀 것은 나로부터 그녀 자신을 발견하지 못했다는 것이기에 서운했고, 동시에 그녀가 나를 진정 존중하고 있다는 것이기에 기뻤다. 연인의 이별은 낯설어진 탓보다는 익숙해진 탓에 일어난다. 인간이란 얼마나 모순적이고 부조리한 존재인가. 낯설어 끌리고, 익숙해져 떠난다. 익숙의 사랑은 낯선 이를 모색하여 그를 익숙한 이로 만든다. 반면 낯섦의 사랑은 낯선 이를 끝까지 낯선 이로 보존한다.

십자가

낮 열두 시가 되었을 때에, 어둠이 온 땅을 덮어서, 오후 세 시까지 계속되었다. 세 시에 예수께서 큰소리로 부르짖으셨다. "엘로이 엘로이 레마 사박다니?" 그것은 번역하면 "나의 하나님, 나의 하나님, 어찌하여 나를 버리셨습니까?"라는 뜻이다. 거기에 서 있는 사람들 가운데서 몇이, 이 말을 듣고서 말하였다. "보시오, 그가 엘리야를 부르고 있소." 어떤 사람이 달려가서, 해면을 신 포도주에 푹 적셔서 갈대에 꿰어, 그에게 마시게 하며 말하였다. "어디 엘리야가 와서, 그를 내려주나 두고 봅시다." 예수께서는 큰소리를 지르시고서 숨지셨다. 그 때에 성전 휘장이 위에서 아래까지 두 폭으로 찢어졌다 (막 15:33-38).

인간이 되신 하나님, 성자 예수님은 하나님과 인간 사이의 깨어진 관계를 중재하고 회복하기 위해 이 땅에 오셨다. 하나님과의 관계 회복이 인간에게 필요한 구원이기 때문이다. 그분은 우리와 같은 모습으로 유아기를 보내고, 청소년기를 지나, 청년기를 맞이했다. 모든 인간이 겪는 내면적인 희로애락뿐만 아니라 외부적인 유혹, 한계, 위기를 정면으로 마주하기도 했다. 예수님은 한 인간으로서 자신이 던져진 역사의 한복판을 충실하게 살아가셨다. 그분은 하나님에 대한 순종을 통해 참된 인간의 삶을 직접 살아 내고 우리에게 그 삶이 무엇인지 보여 주셨다. 예수님의 삶은 우리에게 큰 귀감을 준다. 그분은 높은 자리에 계시지 않고 사회적으로 소외당하는 가난한 이들, 질병으로 고통받는 이들, 죄인으로 정죄받는 이들 곁에 머무셨다. 하나님의 아들이신 예수님은 아버지의 사랑을 삶으로 전하셨다.

하지만 성경은 예수님의 아름다운 삶을 증언하는 데서 끝맺지 않는다. 예수님의 처참한 죽음을 함께 보여 준다. 예수님은 당시 로마 제국과 유대교 사회의 권력자들에 의해 십자가 처형을 당하셨다. 십자가 처형은 로마 제국이 집행하는 사형 제도 중 가장 수위가 높은 형벌 방식이었다. 제국의 근간을 위협하고 있다고 판단된 정치범들이 주로 십자가에 달려 목숨을 잃었다. 그리고 유대인들에게 있어서 십자가 처형은 하나님의 저주를 받은 이들이 당하는 죽음의 자리였다. "나무에 달린 사람은 하나님께 저주를 받은 사람이기 때문입니다"(신 21:23). 당시 유대 종교지도자들은 예수님을 하나님의 신성을 모독한 인물로 정죄했다. 예수님의 더없이 아름다운 삶은 억울하게도 잔혹한 죽음으로 이어졌다. 예수님은 로마 제국의 눈에는 정치적 실패자였고, 유대인들에게는 하나님의 저주를 받은 자였다.

그렇다면 예수님의 죽음은 아름다운 한 인간의 안타깝고 고결한 귀결에 불과했던 것일까. 많은 사람이 예수님의 죽음과 소크라테스의 죽음을 비교하며 두 죽음을 가장 아름다운 인류의 죽음으로 기념하곤 한다. 플라톤은 『파이돈』에서 소크라테스의 죽음을 이렇게 묘사한다.

> 에케크라테스, 우리의 동반자, 그러니까 우리가 지금까지 겪어 본 사람들 중에서 가장 훌륭하고, 게다가 가장 지혜로우며 가장 정의로운 인물이라고 감히 말할 수 있는

그런 분의 최후는 이러했소(플라톤, 『파이돈』, 현대지성).

하지만 성경은 예수님의 죽음을 단순히 모두에게 귀감이 될 만한 한 인간의 죽음이라고 말하지 않는다. 성경은 예수님의 죽음에 더 깊은 의미가 담겨 있다고 강하게 밝힌다. 예수님의 죽음은 억울하고 안타까운 일이었지만, 그분이 이 땅에서 이루셔야 할 일에 있어서 결코 피해 갈 수 없는 길이었다. 예수님은 십자가에 달리시기 전날 이런 기도를 드리셨다. "아빠, 아버지, 아버지께서는 모든 일을 하실 수 있으시니, 내게서 이 잔을 거두어 주십시오. 그러나 내 뜻대로 하지 마시고, 아버지의 뜻대로 하여 주십시오"(막 14:36). 성자 예수님은 죽음이 두려웠지만, 아버지의 뜻인 죽음을 향해 능동적으로 걸어가셨다. 왜냐하면 자신의 죽음을 통해 이루실 일이 있었기 때문이다.

예수님은 죽음을 통과해야만 했다. 모든 인간을 구원하시기 위해 그분은 죽음을 향해 걸어가야만 했다. 죽음은 모든 인간이 처해 있는 죄의 삯이다. 예수님은 하나님과 인간의 깨어진 관계를 회복하기 위해서 그 사이에 존재하는 죄, 그리고 그 죄의 삯인 죽음을 해결하셔야만 했다. 죄인인 인간은 결코 스스로 죄와 죽음의 문제를 해결할 수 없다. 그래서 하나님이 직접 인간이 되셔서 그 죄와 죽음의 문제를 해결하기 위해 이 땅에 오신 것이다. 세례 요한은 자기에게 다가오시는 예수님을 보며 이렇게 말했다. "…보시오, 세상 죄를 지고 가는 하나님의 어린 양입니다"(요 1:29). 예수님은 세상의 죄를 대신 짊어지신 것이다. 인간과 세계의 가장 끔찍한 문제를 해결하기 위해 그분은 우리가 받아야 하는 저주의 나무에서 대신 처형을 당하신 것이다. 우리를 구원하기 위해 예수님이 죽음을 당하셨다는 사실을 이해하고 가만히 십자가상을 들여다보면, 왜 그 자리가 비어 있는지 우리는 알게 된다. 십자가는 원래 우리 모두의 자리다. 하나님과 관계를 저버린 채 자신의 삶만을 끝끝내 붙잡고 사는 우리, 진정한 사랑을 알 수 없어 헤매는 우리, 그 죄의 감옥 안에 갇힌 우리가 감당해야 할 대가를 성자 예수님이 대신 짊어지신 것이다.

예수님은 자신의 죽음을 통해 이 놀라운 구원을 이루셔야 했다. 마태, 마가, 누가 복음서는 일관되게 예수님의 죽음을 기록하며 한 가지 기이한 현상이 일어났다고 증언한다. 그것은 바로 성전의 휘장이 찢어진 현상이다. 이 현상은 예수님의 십자가 죽음이 가져다 주는 구원의 놀라운 의미를 우리에게 분명히 보여준다.

> 예수께서는 큰소리를 지르시고서 숨지셨다. 그때에 성전 휘장이 위에서 아래까지 두 폭으로 찢어졌다(막 15:38).

예수님이 십자가에서 수치와 고난을 감내하다가 결국 목숨을 잃은 그 시각, 성전의 휘장이 찢어져 버렸다. 휘장은 성전 안에 있는 천사 그림이 아름답게 수놓아져 있는 큰 커튼이었다. 성전은 고대 이스라엘 백성이 여호와 하나님에게 예배를 드리는 공간이었다. 그 성전 안에 제사장들이 들어갈 수 있는 성소가 있었는데, 그곳에는 지성소가 구분되어 있었다. 성소는 제사장들의 출입이 가능했지만, 지성소는 1년에 단 한 번 오직 제사장을 대표하는 대제사장만이 이스라엘 민족의 죄를 속죄하기 위해 출입할 수 있는 공간이었다. 왜냐하면 지성소는 하나님이 거하시는 거룩한 공간이었기 때문이다. 그래서 아무나 함부로 지성소에 들어갈 수 없었다. 지성소는 거룩한 하나님이 계신 더 깊숙한 곳이었다. 휘장은 바로 지성소와 성소를 구분하는 커튼이었다. 하나님이 계신 거룩한 곳과 그 바깥을 나누는 경계를 휘장이 가로막고 있었다. 오직 이스라엘을 대표하는 대제사장만이 모든 백성을 위해 희생 제물을 바친 뒤 그 휘장을 걷고 하나님에게 나아갈 수 있었다. 그런데 예수님의 숨이 끊어지자, 그 성전 안에 있던 휘장이 두 폭으로 찢어져 버린 것이다. 하나님이 계신 거룩한 공간의 문이 열리게 된 것이다. 히브리서의 저자는 이 사건의 의미를 이렇게 밝힌다.

> 그러므로 형제자매 여러분, 우리는 예수의 피를 힘입어서 담대하게 지성소에 들어가게 되었습니다. 예수께서는 휘장을 뚫고 우리에게 새로운 살 길을 열어 주셨습니다. 그런데 그 휘장은 곧 그의 육체입니다(히 10:19-20).

대제사장은 희생 제물을 바치고 휘장을 통과하여 하나님이 계신 거룩한 곳으로 들어간다. 희생제물과 대제사장. 이 두 가지를 기억해야 한다. 예수님은 모든 인류의 죄를 속죄하기 위해 십자가에서 죽으심으로써 직접 희생 제물이 되셨다. 세례 요한은 미리 예수님을 가리켜 '어린 양'이라고 칭한 적이 있다. 예수님은 인류가 짊어져야 할 죄의 대가인 죽음을 대신 짊어지기 위해 흠 없는 제물이 되셨다.

> 유대교의 제사의식에서 대제사장은 속죄제물로 드리려고 짐승의 피를 지성소에 가지고 들어가고, 그 몸은 진영 밖에서 태워 버립니다. 그러므로 예수께서도 자기의 피로 백성을 거룩하게 하시려고 성문 밖에서 고난을 받으셨습니다(히 13:11-12).

예수님의 피가 우리를 거룩하게 했다는 신앙의 고백은 바로 이 맥락에서 사용하는 것이다. 희생 제물인 예수님이 고난을 받은 장소, 곧 골고다 언덕은 실제로 예루살렘 성문 밖에 있는 버려진 곳이었다. 또한 그분은 희생 제물로서 자신을 아버지 하나님 앞에 드리고 동시에 대제사장으로서 하나님이 계신 자리로 나아가셨다. 모든 인류를 대표해서 죽음을 당하신 뒤, 아버지가 계신 지성소로 천천히 향하셨다.

> 그리스도께서는 이미 일어난 좋은 일을 주관하시는 대

제사장으로 오셔서 손으로 만들지 않은 장막, 다시 말
하면, 이 피조물에 속하지 않은 더 크고 더 완전한 장
막을 통과하여 단 한 번에 지성소에 들어가셨습니다.
그는 염소나 송아지의 피로써가 아니라, 자기의 피로써,
우리에게 영원한 구원을 이루셨습니다(히 9:11-12).

대제사장이신 예수님은 자신의 희생을 통해 먼저
하나님 아버지에게 나아갔다. 그리고 지성소와 성소
를 구분하는 휘장을 영원히 열어젖히셨다. 그렇기 때
문에 우리는 하나님과 관계를 회복할 수 있는 모든
조건을 갖추게 된 것이다. 그 조건을 우리가 갖춘 것
이 아니다. 하나님의 아들이 인간이 되시고 고난과
죽음을 통과해 그 조건을 만들어 놓으셨다. 그리고
우리를 초대하는 것이다. 우리는 그 대제사장이신 예
수님의 손을 붙잡고 지성소로 나아갈 수 있게 되었다.
인간이 되신 하나님, 예수님의 십자가 죽음은 단순히
위대한 어느 인물의 고결한 죽음이 아니다. 그분의
죽음은 인류를 구원하기 위한, 하나님과 인간의 관계
를 다시 회복하기 위한 희생이었으며 순종이었다.

예수의 마지막 말

> 나의 하나님, 나의 하나님 어찌하여 나를 버리셨나이까?(막 15:34).

두 손 두 발이 날카로운 못으로 관통된 채 십자가에 붙어 있는 예수. 그곳은 격식이나 체면을 차릴 수 있는 자리가 아니었다. 속내를 들추어낼 수밖에 없는 곳, 모든 가능성이 닫힌 막다른 곳이었다. 십자가에 달린 예수의 언어는 기도의 형식을 갖출 수 없었다. 기도는 호흡을 살펴야 하지만 십자가에서는 호흡을 할 수 없었다. 기도는 두 손을 모으고 무릎을 꿇고 해야 하지만 십자가에서는 두 손을 모을 수 없었고 무릎을 꿇을 수도 없었다. 예수는 그저 토로할 따름이었다. 시간이 흐르면서 사람들은 그가 하나님의 아들이었다는 사실을, 심지어 그가 하나님 자신이었다는 사실을 알아차리게 되었다. 그래서 십자가 위 예수의 말이 하나님의 말이었다는 사실도 알게 되었다. 성자 하나님은 성부 하나님에게 속내를 들켰다. "어찌하여 나를 버리셨나이까?"

한 아이가 물었다. "전도사님, 하나님이 계신데 가난한 사람들이 왜 있나요?" 나는 이 물음을 가진 아이가 하나님과 세계를 아름다운 시선으로 바라보고 있다고 생각했다. '하나님'과 '가난한 사람들'의 존재가 서로를 배타하고 있다는 아이의 판단이 하나님은 정의롭고, 그분이 세계를 방치하지 않고 올바른 뜻으로 섭리하고 있다는 믿음의 고백처럼 들렸기 때문이다. 이러한 종류의 물음을 피해 갈 수 있는 인간은 없다. 이 물음을 가져 본 자, 가지고 있는 자, 가지게 될 자로 나뉠 뿐이다. 이 물음은 그리스도교 신앙을 가진 인간의 실존과 가장 잇닿아 있는 문제다. 바로 악의 존재에 대한 물음이다.

신학은 오랫동안 악의 전형을 자연 악(natural evil)과 도덕 악(moral evil)으로 구분하여 설명해 왔다. 자연 악은 질병, 사고, 자연재해 등과 같은 인간의 의지와 관계없이 발생하는 고통을 뜻하고, 도덕 악은 죄성을 가진 인간이 서로에게 피해를 입히거나 자연과 세계에 피해를 입혀 발생하는 고통을 뜻한다. 자연 악과 도덕 악은 논리적으로 구분되지만 사안에 따라서 원인을 공유하는 경우도 있다. 가령 COVID-19와 같은 인수공통감염병(人獸共通感染病, zoonosis)은 현상적으로는 자연 악처럼 보이지만, 질병의 원인과 과정을 쫓다 보면 도덕 악으로 분류된다. 반면에 가난과 빈곤의 문제는 전적으로 도덕 악에 속한다. 장 지글러는 120억의 인구가 먹고도 남을 만큼의 식량이 생산되는 현대 사회에서 5초에 한 명의 어린이가 아사(餓死)하는 이유를 사회 구조의 문제라고 밝힌다. 사실 자연 악과 도덕 악을 잘 분류한다고 해서 우리에게 악의 현실이 해결되는 것은 아니다. 악은 여전히 남아 있다.

우리가 믿고 있는 하나님은 무에서 유를 창조하신 분으로서 존재하는 모든 것의 원인이시다. 또한 인류를 선한 종착지로 이끌어 가시는 역사에 참여하는 주인이시다. 그런데 이러한 사실은 마치 믿음의 논리처럼 '바라는 것들의 확신'이며 '보이지 않는 것들의 증거'다. 고백으로서 유효한 사실. 이러한 신앙의 고백들은 대개 우리의 가혹한 현실 앞에서 그 고백의 정당성을 상실하고 만다.

무에서 유를 창조하신 하나님을 고백했을 때 우리는 악의 실재를 설명하는 데 있어서 큰 딜레마에 놓인다. 하나님이 세계 내 존재하는 모든 것의 원인이라면 악의 기원도 하나의 시작점에 놓일 것이다. 만약 악을 하나님의 창조와 관계없는 실제로 상정한다면 무에서 유를 창조하신 하나님의 사역 또한 성립할 수 없을 것이다. 그래서 교부 아우구스티누스는 악의 실재를 무(無), 곧 '없음'으로 정의하며 악의 현실성을 표현한 것이다.

하나님이 역사에 참여하는 주인이시라는 신앙고백의 경우도 악의 문제를 다루는 데 어려움이 있다. 하나님이 거대한 역사의 흐름을 주관한다고 고백하는 사람들 중 몇몇은 이 세상에 존재하는 악과 고통의 문제를, 바다 위에 떨어진 물방울이 금세 희석되어 형태가 사라지듯, 큰 역사 속에 아주 작은 흠 정도로 쉽게 환원하는 우를 범하곤 한다. 인간에게 있어서 악과 고통의 현실은 어떠한 방식으로든 억압되어서는 안 되는 문제다. 도스토옙스키의 『까라마조프 씨네 형제들』에서 둘째 아들 이반은 어머니 앞에서 잔인하게 사냥개에 물려 살해당한 아이의 이야기를 들려주며 악과 고통의 무게를 무심하게 건너뛴 채 세계의 조화를 섣불리 말하는 자들을 비판한다.

"주여, 당신이 옳았나이다!" 하고 소리칠 수 있는 그런 시간이 올지도 모르지만, 그때도 난 그렇게 외치고 싶지 않단 말이야. 시간이 있는 동안 나는 서둘러 나 자신을 지키겠어. 그리고 고상한 조화 따위는 완전히 포기하고 말겠어. … 왜냐하면 그 애의 눈물은 보상받지 못한 채 버려졌기 때문이야. 그 애의 눈물은 보상받아야만 해. 그렇지 않으면 조화란 불가능할 테니. … 무엇으로 그걸 보상할 수 있겠니? 그게 정말 가능할까? 그 눈물에 대한 복수가 될 수 있을까? 내겐 그 눈물에 대한 복수도, 가해자들의 지옥도 아무 의미가 없어. … 난 차라리 보상받지 못한 고통과 함께 남고 싶어(표도르 미하일로비치 도스토옙스키, 『까라마조프 씨네 형제들』, 제5권 찬반론, 반역).

성서는 악의 기원에 관해서 침묵한다. 오직 악과

고통의 현실만을 보여 줄 뿐이다. 이웃을 착취하고 억압하는 인간, 이웃의 배우자를 빼앗는 인간, 이웃의 재산을 강탈하는 인간, 사랑하는 이를 떠나보낸 인간, 질병의 고통 속에 놓인 인간, 귀신에게 사로잡힌 인간, 사회적 소외를 당하는 인간, 재산을 잃고 길바닥에 나앉은 인간, 태어날 때부터 장애를 가진 인간, 그리고 가난한 인간. 비극은 마치 찬란한 햇살이 비추일 때 비로소 드러나는 그림자와 같다. 우리 모두의 뒤꿈치에는 그림자가 있다. 선하신 하나님은 인간에게 왜 이러한 끔찍하고 불편한 악을 허용하셨는가, 하는 질문은 가당찮다. 삼위일체 하나님은 자신을 닮은 존재로 인간을 창조하셨다. 삼위 하나님은 자유로이 독립적이면서 사랑으로 연합을 이루신 분이다. 바울은 주님의 영이 계신 곳에 '자유'가 있다고 말하며 (고전 3:17), 신자들에게 '사랑'을 추구하라고 가르친다 (고전 14:1).

인간은 삼위일체 하나님의 존재 방식처럼 자유롭게 사랑을 선택하며 세계를 살 수 있는 복을 받은 존재다. 자유로운 존재는 모든 가능성을 선물 받은 존재다. 자유는 악의 가능성마저 가지고 있다. 자유는 모든 잠재력이기에 선한 저력이면서 동시에 위험한 힘이다.

인간이 되신 하나님, 곧 예수는 보통 인간처럼 모든 가능성을 지닌 채 이 세상에 오셨다. 그분은 악의 관념이나 기원에 관심을 두지 않고, 악과 고통의 현실 곁에 머문 채 사람들에게 자유로운 사랑을 행하셨다. 혹자는 예수가 신이었기 때문에 악의 존재를 간파했고 그것을 세계의 질서와 쉽게 조화시켰을 것이라고 말한다. 하지만 예수는 삶의 끝자락에 이르러서도 자신이 처한 악과 고통의 현실을 설명해 내지 못했다. "나의 하나님, 나의 하나님 어찌하여 나를 버리셨나이까?" 마가는 이 말을 끝으로 예수가 숨을 거두었다고 증언한다.

부활

> 그러므로 우리는 세례를 통하여 그의 죽으심과 연합함으로써 그와 함께 묻혔던 것입니다. 그것은 그리스도께서 아버지의 영광으로 말미암아 죽은 사람들 가운데서 살아나신 것과 같이, 우리도 또한 새 생명 안에서 살아가기 위함입니다(롬 6:4).

하나님과의 관계가 깨어진 인간은 죄 아래 놓이게 되었고, 결국 그 죄는 모든 인류를 죽음으로 이끌게 되었다. 예수님은 십자가에서 죽으심으로써 대제사장의 사역, 곧 모든 인류를 대신하여 하나님이 계신 지성소에 들어가셨다. 그리고 아버지 하나님에게 자신의 피를 가지고 영원한 제사를 드리셨다. 그 결과, 하나님과 인간 사이를 가리고 구분하고 있던 휘장이 둘로 찢어졌다. 예수님은 중재자이자, 화해자가 되셨다. 그렇기 때문에 우리는 예수님을 통해, 그리고 예수님 안에서 하나님에게 나아갈 수 있게 되었다.

　예수님은 모든 인간이 겪게 될 죽음이라는 한계의 끝자락까지 걸어가셨다. 하나님은 직접 우리와 같은 존재, 곧 인간이 되셔서 구원을 이루셨다. 그런데 예수님의 제자들은 예수님의 죽음이 가지고 있는 구원의 의미를 곧바로 깨닫거나 알아차리지 못했다. 왜냐하면 예수님의 죽음은 유독 거룩해 보이거나 특별해 보이지 않았기 때문이다. 골고다 언덕 위 예수님 옆에는 두 명의 범죄자가 함께 십자가에 매달려 있었다. 예수님의 죽음은 그들의 죽음과 큰 차이가 없어 보였다. 또한 그 당시 유대교 사회에서는 자칭 '메시아'라고 주장하다가 죽음을 당한 이들이 있었다. 인간이 되신 하나님의 죽음, 곧 예수님의 죽음은 사실 구원에 있어서 깊은 의미를 가지고 있었지만, 사람들은 그 의미를 알아차리지 못했다. 3년 동안 예수님과 함께 생활했던 제자들도 그분의 죽음 앞에 두려워 떨며 모두 도망가 버리고 말았다.

　예수님의 죽음, 더 나아가 그분의 삶 전체의 의미가 드러나게 된 결정적 사건이 있었다. 그것은 부활이다. 우리는 예수님의 삶과 죽음만을 기억하는 공동체가 아니라, 그분의 부활을 선포하는 공동체다. 부활은 마치 소설의 5막 구조로 비유한다면 결말과 같다. 줄곧 이야기는 어느 사건이 발단하면서 알쏭달쏭하게 전개된다. 그리고 여러 위기를 통해 절정에 이른다. 대부분 여기까지 사건의 전말이 파악되지 않는 경우가 많다. 그런데 결말의 결정적 사건을 통해 이전까지 감추어져 있던 이야기의 실마리가 풀리게 되는데, 예수님의 이야기에 있어서 부활이 결말의 역할을 한다. 인간이 되신 하나님의 삶과 죽음이 어떤 의미인지 당시 사람들은 잘 이해하지 못했다. 예수님의 부활 이전의 제자들의 모습과 부활 이후의 제자들의 모습은 확연하게 달랐다. 이야기의 절정인 예수님의 십자가 죽음 앞에서 제자들은 그분을 배반했다. 그러나 이야기의 결말인 부활하신 예수님을 만난 그들은 완전히 새로운 사람들이 되었다. 심지어 생명에 위협이 발생하는 상황에서도 예수의 증인으로서 살아갈 수 있었다.

결말을 본다는 것은 비록 과정의 어려움이 있을지라도 우리에게 형언할 수 없는 힘을 준다. 삶을 살아가며 가장 힘들고 버거운 것은 결과를 모르는 데서 기인한다. 내가 지금 하고 있는 일이 나에게 어떠한 결과를 줄 것인지 알지 못하기 때문에 우리는 불안하다. 누군가 우리의 미래를 보여 준다면 얼마나 좋을까. 비록 현재가 힘들더라도 끝내 걸어갈 수 있을 것이다. 불확실한 미래에 대한 걱정과 불안은 우리를 하루 종일 고민만 하고 계산하는 사람들로 만든다. 은 삼십에 예수님을 팔아넘긴 가룟 유다가 그런 사람이었다. 예수님의 부활은 제자들과 더불어 우리 모두에게 구원의 전말을 보여 주었다. 그분이 하신 모든 일이 증명된 것이다. 그래서 부활하신 예수님을 만난 제자들이 자신의 인생을 그분에게 던질 수 있었던 것이다.

> 성령으로는 죽은 사람들 가운데서 부활하심으로 나타내시는 권능으로 하나님의 아들로 확정되신 분이십니다. 그는 곧 우리 주 예수 그리스도이십니다(롬 1:4).

목수 요셉과 마리아의 아들인 나사렛의 평범한 예수가 하나님의 아들로 확증된 사건이 바로 부활이다. 그것은 예수님의 삶과 죽음이 평범하지 않았다는 사실이 끝내 드러난 사건이다. 오래전부터 하나님이 계획하고 예비하신 그 메시아가 바로 예수님이었다는 사실이 선포된 것이다. 제자들은 부활을 통해 이 사실을 마주하게 되었다. 부활은 저 멀리서 우리를 끌어당기는 힘이다. 얼마 전 단거리 마라톤 대회를 나갔다. 흥미로운 경험이었다. 연습을 할 때는 러닝 머신 위에서 시간을 설정한 채 달리곤 했다. 반면 대회에서는 길게 늘어진 강변 길을 따라 목표점을 향해 달렸다. 동일한 거리였는데도, 목표점이 있는 대회에서 피로감이 덜했다. 반환점을 돌고 다리가 무거워질 때쯤, 내가 목표점을 향해 가고 있다는 느낌보다, 목표점이 나를 끌어당기고 있는 느낌을 받았다. 부활은 목표점처럼 우리를 끌어당긴다. 왜냐하면 부활은 이미 확증된 우리 모두가 걸어가야 할 길이기 때문이다.

또한 예수님의 부활은 단순히 그분만의 부활이 아니다. 우리는 끝내 예수님처럼 부활할 것이다. 바울은 부활에 관해 이렇게 가르쳤다.

> 내가 이 날까지, 하나님의 도우심을 받아서, 낮은 사람에게나 높은 사람에게나 이렇게 서서 증언하는데, … 그것은 곧, 그리스도는 고난을 당하셔야 한다는 것과, 그는 죽은 사람들 가운데서 가장 먼저 부활하신 분이

되셔서, 이스라엘 백성과 이방 사람들에게 빛을 선포하시리라는 것입니다(행 26:22-24).

기독교의 구원은 영혼만의 구원을 뜻하지 않는다. 사후, 곧 죽음 이후에 영혼이 육체의 감옥에서 빠져나와 천국에 입성하는 것은 성경이 말하는 구원이 아니다. 성경은 인간의 몸과 영혼 모두가 구원을 받을 것이라고 말한다. 예수님의 부활은 영혼의 부활이 아닌, 몸의 부활이었다. 그분은 새로운 몸을 입고 부활하셨다. 바울은 예수님이 죽은 사람들 가운데서 '가장 먼저' 부활하셨다고 말한다. 예수님은 인류의 대표자이다. 그분은 가장 먼저 인류가 걸어가야 할 길을 걸어가신 분, 길을 만드신 분이다. 우리는 그분을 따라 마지막 날에 부활할 것이다. 예수님의 삶, 죽음, 부활은 그리스도 안에 있는 하나님의 백성이 동일하게 걸어가야 할 길이다.

우리는 예수께서 죽으셨다가 살아나신 것을 믿습니다. 이와 같이 하나님께서 예수 안에서 잠든 사람들도 예수와 함께 데리고 오실 것입니다. … 주님께서 호령과 천사장의 소리와 하나님의 나팔 소리와 함께 친히 하늘로

부터 내려오실 것이니, 그리스도 안에서 죽은 사람들이
먼저 일어나고(살전 4:14, 16).

이제는 더 이상 죄와 죽음이 우리를 지배할 수 없다. 우리는 부활의 증인이기 때문이다. 죄와 죽음 앞에서 인간은 무력하다. 죄로 인해 깨어진 세상에서 우리는 궁극적인 목적과 희망을 가질 수 없는 존재다. 왜냐하면 죽음의 실체를 극복할 수 있는 방법을 가지고 있지 않기 때문이다. 우리는 죽음을 해석할 뿐이다. 죽음을 아름다운 것으로, 그리고 보이지 않는 것으로 변모시키는 것이 우리가 할 수 있는 전부다. 하지만 죽음은 우리를 비웃는다. 인간은 가로막혀 있다. 어린아이일 때는 삶의 실체를 잘 모른다. 하지만 조금씩 성장을 하다 보면 우리에게 그림자가 드리운다. 사실 어둠은 그때 발생하는 것이 아닌, 이미 있어 왔다. 그런 현실을 알게 되는 것이다. 이때 사람들은 삶의 의미와 목적에 대한 갈증으로 어려움을 겪는다. 그 갈증을 해갈하기 위해 인간이란 존재는 이것도 해 보고 저것도 해 보며 하루를 살아간다. 아무리 움직여도 근원적인 문제는 결코 사라지지 않는다. 왜냐하면 죽음, 곧 모든 인간이 처해 있는 곤경을 해결해야 하기 때문이다. 죽음이라는 단어가 어렵다면, 그것을 '끝, 종결, 사라짐'이라고 대체해 불러도 얼마든지 괜찮다. 죽음은 삶이 끝나는 것, 관계가 종결되는 것, 우리 모두가 사라지는 것이다. 하나님과 깨어진 관계가 가지고 온 인간이 처한 비극이다.

이 결정적인 문제를 우리가 해결할 수 없기 때문에 하나님은 인간이 되셨다. 그리고 우리와 하나님 사이에 화해와 중재를 이루기 위해 죽으셨다. 그리고 부활하심으로써 '죄와 죽음'을 무력화하셨다. 이것이 바로 예수 그리스도께서 이루신 구원이다. 그렇다면 우리는 어떻게 그 구원에 참여할 수 있는 것일까. 대제사장이신 예수 그리스도를 따라서 하나님이 계신 지성소로 나아갈 수 있는 것일까. 기독교의 구원은 천장에 달린 별을 각자가 따 내는 방식이 아니다. 대단한 능력을 가진 한 개인, 지식을 가진 한 개인이 자력으로 구원을 쟁취하는 것이 아니다. 기독교의 구원은 예수 그리스도의 구원에 참여하는 것이다. 개인이 이루어 내는 것이 아닌, 그리스도가 이루신 구원에 우리 모두가 참여하는 것이다.

우리가 그의 죽으심과 같은 죽음을 죽어서 그와 연합하는 사람이 되었으면, 우리는 부활에 있어서도 또한 그와 연합하는 사람이 될 것입니다(롬 6:5).

그리스도와 연합한다는 것은 그분과 하나가 된다는 것을 의미한다. 그럴 때 그분의 구원이 우리의 구원이 된다. 그렇게 우리는 그 놀라운 구원을 공유받는다. 부활의 증인들은 단순히 사건의 목격자가 아니었다. 그들은 성령으로 그리스도와 연합한 자들이었다. 그렇기 때문에 말과 논리로 증언할 뿐만 아니라, 삶으로 그리스도를 증언했다. 부활의 증인들은 무엇을 깨달은 자들이 아니라, 존재가 변화된 자들이다. 죄와 죽음 아래 놓인 우리를 긍휼히 여기시는 하나님은 직접 인간이 되셔서 우리를 구원하셨다. 그리고 그 구원 안으로 주저하지 말고 들어오라고 초청하신다. 성령의 도움으로 그리스도와 연합될 때, 우리는 첫 열매이신 예수의 부활에도 참여하게 된다. 이는 기독교의 놀라운 신비다.

···32···

겨울과 봄 사이 계절이 되면 교회의 고등학생 아이들과 함께 강원도 태백에 자리한 예수원을 방문한다. 새로운 학기가 시작되기 전에 낯선 시간과 공간 안으로 들어가 하나님과 자신을 돌아보자는 취지다. 예수원 피정을 가기 위해서는 한 달 전에 미리 방문 예약을 해야 했기에 명단을 작성했다. 아이들의 이름과 나이를 알맞게 맞추었다. 고등학교 1학년이 된 아이들 옆에 습관적으로 16이라는 숫자를 매달고는 아차 실수한 걸 발견하고 17로 수정했다. 이유는 알 수 없지만 16과 17은 전연 다른 세계에 속한 숫자다. 16의 아이들이 마냥 예쁘다면, 17의 아이들은 애달프다. 삶을 존 시스템(Zone System, 미국의 사진가 안셀 아담스가 공식화한 흑백 사진의 열한 가지 빛 스펙트럼 구역)으로 비유한다면, 17의 아이들은 중간 어디쯤 스케일에 있다. 그곳은 흑과 백이 교차하며 어렴풋하게 뒤섞인 구간, 그래서 회색이라고 불리는 자리다.

 아이들의 명단을 전부 적고 마지막 칸에 인솔자인 나의 이름과 나이를 입력했다. '최병인, 32' 예기치 않은 생각이 들었다. 나의 이름은 분명히 나의 것이라고 여겨졌지만, 뒤에 붙은 '32'라는 숫자가 나의 것이라는 게 믿기지 않았다. '저게 뭐지, 스타벅스 주문 번호인가?' '32'는 그리 큰 숫자는 아니지만, 꽤 무거운 숫자다. 만약 식당의 웨이팅이 32명이 남았다고 한다면 나는 절대 기다리지 않을 것이다. 경찰공무원 체력 시험에서 32는 윗몸일으키기 최소 기준이다. 그러니까 32는 나의 사고방식 안에서 무언가 적지 않게 축적된 숫자이며, 그 아래로는 기댈 수 없는 가장 작은 값이 자명하다. 나에게는 아직도 '32'보다는 '17'이라는 숫자가 익숙한 게 사실이다. 어쩌면 나의 삶 곁에 숫자가 있다는 걸 인식한 순간이 17을 본 이후 처음이 아닐까. 그렇기 때문에 '17'과 '32'는 명단을 작성하는 그 순간 나에게 큰 괴리로 다가왔지만, 사실 두 숫자는 서로를 밀어내는 것이 아닌 수미상관, 곧 나의 서사에서 시작과 끝을 이루는 상징이라는 결론에 도달하게 되었다. 건조한 의미주의자인 나는 삶 곳곳에 숨

겨진, 때로는 갑작스럽게 뚝 떨어지는 상징을 찾곤 한다. 누가 뭐라고 해도 나의 세계는 계시록의 세계다. '17…32'가 나의 서사에서는 하나의 존 스케일로 묶이는 구간이라고 믿어 의심치 않게 되었다.

'17…32'의 나는 가능성을 좇아 살았다. 이것과 저것 모두가 나에게 주어진 가능성이라고 생각하며 달려왔다. 그래서 불안한 삶을 살았다. 어디로든 흘러갈 수 있는, 그래서 어디로 흘러가야 할지 알 수 없는 불안은 나의 동반자였다. 내가 믿고 있는 가능성이 불안을 초래하는 것인지, 불안하기 때문에 가능성을 찾고 있는 것인지 알 수 없었다. 가능성과 불안은 내 삶에서 선택의 급전환을 할 수 있는 용기를 주기도 했다.

몇 년 전 또 하나의 상징적인 사건을 마주했다. 나의 친구 중에는 티아고 알칸타라(전 리버풀 소속 미드필더)와 같은 이가 있다. 그는 조기축구 세계 안에서 중원의 마법사라고 불리며 칭송을 받았다. 그 친구의 장기는 급전환을 통한 탈압박이었는데, 어느 날 그의 축구화가 잔디에 걸려 무릎이 반대로 돌아가 버렸다. 나는 깨달았다. '급전환은 치명상을 줄 수 있는 것이

로구나.' 결이 중요하다. 과거, 현재, 미래를 하나의 서사로 엮어 내는 결은 방식에 따라 달리 표현되겠지만, 인간의 자의식에 있어서 결정적인 역할을 한다. 가능성과 불안은 자기를 상실할 만큼의 전환을 우리에게 강력히 요구한다. 가운뎃점(…)은 우리의 족쇄가 될 것이고 더 나은 미래를 가로막는 지난날의 악령이라고 말함으로써 우리를 위협한다. 과연 무엇이 악령인가. 현재 나의 부정을 그 자체로 부정한 채 인간은 한 발자국이라도 앞으로 나아갈 수 있는 존재일까. 찢겨진 서사의 분절된 조각에서 인간은 자신의 존재를 정직하게 마주할 수 있을까. 만약 그럴 수 있다면, 그것은 기만이다. 나는 줄곧 기만하며 살았다. 출처를 알 수 없는 데서 오는 두려움, 과정이 사라져 버린 공허함을 가리기 위해 줄곧 격양되었고 해명했다. 존재를 증명해야 하는 역설. 어쩌면 그 상태가 바로 구원받아야 할 인간의 실존인지도 모르겠다.

'…32…'라는 가운뎃점 사이에 있는 숫자를 응시한다. 다음 구간을 어떻게 살아갈 것인가. 불가능성 곁에 머물고 싶다. 내가 할 수 있는 것을 떠올리기보다 내가 할 수 없는 것을 떠올릴 때, 내가 바라는 것을 소망하기보다 내가 바랄 수 없는 것을 인정할 때, 나는 결에 따라 서 있게 될 것이다. 그래야만 흘러갈 수 있을 테다. 넓을수록 멈추어 있고 좁을수록 흘러가는 자연의 이치는 구원의 문을 너비로 비유한 예수님의 말씀과 일맥상통한다. 구원의 문이 좁다는 것은 그곳을 통과하는 모든 생명이 살아서 흐르고 있다는 걸 뜻한다. 어쩌면 그 문은 모두의 좁은 문이 아닌 각자의 좁은 문이다. 불가능성에 기반한 좁은 서사는 비록 과히 드러나지 않고 감추어져 있지만 그 자체로 굳건하다. 나의 존재를 해명하지 않아도 충분함을 느끼는 날이 오기를 기다린다.

약한 인간

예수께서 들으시고 그들에게 이르시되 건강한 자에게는 의사가 쓸 데 없고 병든 자에게라야 쓸 데 있느니라. 나는 의인을 부르러 온 것이 아니요 죄인을 부르러 왔노라 하시니라(막 2:17).

하루의 업무를 무사히 마치고 퇴근길에 오른다. 출근을 할 때는 줄곧 넉넉한 저녁을 기대하며 가볼 만한 카페나 서점을 검색하곤 한다. 하지만 퇴근할 시간이 다가오면 머릿속은 온통 아늑한 나의 방 침대 생각으로 가득해진다. 퇴근을 하면 역 입구까지 가장 효율적인 직선 코스를 계산하여 마치 축지법을 쓰듯 발걸음을 낭비하지 않는다. 홍대입구역은 마치 부채꼴의 깔때기를 닮았다. 저녁 6시가 되면 이곳저곳에 흩뿌려져 있던 사람들이 경주라도 하듯 하나의 꼭짓점을 향한다. 역 입구부터는 의지를 내려놓고 나의 몸과 정신을 군중의 흐름에 내맡긴다. 지하철 문이 닫히면 불편한 감은 있지만 모두가 쉴 수 있는 환경이 조성된다. 인간이기에 감당해야 할 하루의 책임을 마친 이들은 그제야 스스로에게 자유를 허락한다. 눈을 감고 음악을 듣는 이들, 넷플릭스를 보는 이들, 퇴근길이 겹치는 직장 동료와 소곤대는 이들.

그런데 갑자기 그들 사이로 날카로운 외침이 파고든다. "죄를 회개하십시오. 예수를 믿으십시오. 예수를 믿으면 천국에 입성하지만 그렇지 않으면 지옥의 심판이 기다리고 있습니다." 지하철 선지자의 음성을 듣자마자 어깨에 긴장이 들어가고 온 신경이 곤두선다. 다행히도 나는 이 시대 최고의 발명품을 가지고 있다. 노이즈 캔슬링. 말러의 교향곡 제5번 4악장 아다지에토를 재생하면서 나의 마음이 다시 잔잔해질 거라고 기대한다. 하지만 교향곡의 낮은 음역대로 인해 외부 소음이 완벽하게 차단되지 않는다. 흐릿하게 바깥의 음성이 들린다. "죄를 회개하십시오…" 아름다운 말러 덕분인지 차분히 생각을 이어 간다. 이 장소에 있는 사람들의 죄는 과연 무엇일까. 그들은 무엇을 잘못했길래 하루 종일 마음을 다쳐 가며 일하고 퇴근길에 이러한 날 선 음성을 들어야 하는 것일까. 더 나아가 이러한 공감을 사지 못하는 무서운 선언이 과연 복음, 곧 예수가 전한 좋은 소식(Good News)일까.

얼마 전 우리 교회의 고등학생 아이를 만났다. 우리는 꽤 실제적이고 진지하게 삶과 구원에 관한 대화를 나누었다. 아이는 학교에서 〈레미제라블〉을 보았고 그 영화의 주제가 인간의 구원을 다루는 것 같다고 이야기했다. 자신의 틀과 경계를 넘어서지 않는 자베르와 사랑과 자유로 자신의 경계를 넘어서는 장 발장. 아이는 그 둘의 차이를 확인했다고 막연하게 말했다. 그리고 정말 하고 싶은 말을 했다. "전도사님, 솔직히 기독교에서 말하는 죄가 무엇인지 모르겠어요. 나는 그렇게 큰 죄를 짓지 않았거든요."

아이의 말을 듣고 잠시 상념에 잠겼다. 그리고 공감했다. 기독교가 주장하는 인간의 죄, 그리고 인간의 실존이 죄인이라는 고백은 과연 무엇을 뜻하는 것인지 오래전의 나도 이해하지 못했다. 회상해 보면 나는 죄를 오직 악으로 규정하여 죄책의 감각이 내 안에서 사라지지 않도록 부단히 애쓴 강박의 시기를 보냈다. 잠시라도 죄를 인식하지 못할 때면 나의 깊은 곳에 있는 죄에 다시 집중하려고 노력했다. 그리고 나는 악하고 끔찍한 죄인이라고 되뇌었다. 하지만 인간의 존재를 오직 악으로만 규정하는 것, 그리고 그 악에 집중함으로써 하나님의 구원을 경험하려는 자기학대적 갈망은 지속가능하지 않았다. 내 속에 있는 악은 결코 완벽하게 사라지지 않았고 하나님은 언제나 두려운 존재였으며 자유를 모르는 나는 오랫동안 고통을 받았다.

그렇기 때문에 나는 죄에 관해 묻는 아이에게 그것은 인간의 악함이라고 딱 잘라 말할 수 없었다. 우리에게 죄가 있다면 일반적으로 생각하는 그런 죄가 아닐 수도 있다고 말했다. 아픈 것도, 불쌍한 것도, 가녀린 것도, 마음껏 사랑하지 못하는 것도 죄라는 범주에 들어가는 게 아닐까, 하는 생각을 나누었다. 그러니까 죄는 인간의 한계 상황인 것이라고. 자베르는 그걸 인정하지 않은 게 아닐까, 그렇다면 장 발장은 그걸 인정한 것일 테고. 그러니까 죄로부터 구원을 받는다는 것은 무작정 인간이 초라해지거나 궁지에 몰리는 일이 결코 아니다. 구원은 좋은 소식이기 때문에.

"나는 병든 인간이다…. 나는 악한 인간이다." 도스토옙스키의 『지하로부터의 수기』의 첫 문장이다. 나는 침이 바싹 마르는 이 문장에서 시작하여 복음서에 이르렀다. 인간의 실존을 보여 주는 혼합된 두 가지 상태. 이 아득한 구렁텅이에 빠져 본, 혹은 빠져 있는 사람은 알 것이다. 자신에게 연민의 눈길을 보낼 때면 혐오가 들어차고, 자신을 증오하기에는 나의 존재가 지독하게 가여워 보인다는 것을. 연약한 인간은 결코 악한 인간을 구원할 수 없고, 그 반대도 마찬가지다. 누가 이러한 딜레마에 빠진 인간을 구원할 수 있겠는가. 나는 이 모순의 자리에 처량히 놓여 있는 십자가의 예수를 만났다. 발가벗은 채 고개를 푹 떨구고 있는 예수는 나보다 더 병들어 있었고 수치스러워 보였다. 하지만 그는 나와는 다르게 자신을 증오하지도, 자기 연민에 빠져 삶을 허비하지도 않았다. 그는 끝내 타자를 구원했으며 "다 이루었다"라는 말을 남긴 채 눈을 감았다.

예수는 인간의 자리에서, 인간의 구원받아야 할 실존을 명확히 알았다. 복음서 중 가장 이른 시기에 기록된 마가복음은 구원자 예수가 행한 사역을 주로 두 가지로 묘사한다. 악한 귀신을 내쫓는 일과 병든 자를 치유하는 일. 예수는 자신이 이 땅에 온 이유에 관해 말하면서 '병든 자'와 '죄인'을 동일한 유형으로 묘사한다(막 2:17). 그는 병든 자를 죄인으로 여겼고 죄인을 병든 자로 여겼다. '인간은 죄인이다'라는 명제는 단순하지 않은 복잡한 인간의 본성을 담고 있다. 그런 뜻에서 도스토옙스키의 인간 이해는 의미심장하다. '약함과 악함.' 만약 인간의 실존, 곧 기독교가 말하는 죄에서 인간의 약함을 발견한다면 우리는 하나님의 구원을 더욱이 좋은 소식으로 여길 수 있을 것이며 이웃에게 긍휼과 사랑의 태도로 다가갈 수 있을 것이다.

어쩌면 인간의 악함보다 약함을 인정하는 것이 더 어려운 세상이 되어 버렸는지도 모르겠다. 병들고 약한 자신이 혹여 거센 세상에 훼손당하지는 않을까 무장하며 사는 나, 그리고 이웃에게 그리스도는 말씀하신다. "수고하고 무거운 짐 진 자들아, 다 내게로 오라. 내가 너희를 쉬게 하리라"(마 11:28).

끄트머리

예수께서는 올리브 산으로 가셨다. 이른 아침에 예수께서 다시 성전에 가시니, 많은 백성이 그에게로 모여들었다. 예수께서 앉아서 그들을 가르치실 때에 율법학자들과 바리새파 사람들이 간음을 하다가 잡힌 여자를 끌고 와서, 가운데 세워 놓고, 예수께 말하였다. "선생님, 이 여자가 간음을 하다가, 현장에서 잡혔습니다. 모세는 율법에, 이런 여자들을 돌로 쳐 죽이라고 우리에게 명령하였습니다. 그런데 선생님은 뭐라고 하시겠습니까?" 그들이 이렇게 말한 것은, 예수를 시험하여 고발할 구실을 찾으려는 속셈이었다. 그러나 예수께서는 몸을 굽혀서, 손가락으로 땅에 무엇인가를 쓰셨다. 그들이 다그쳐 물으니, 예수께서 몸을 일으켜, 그들에게 말씀하셨다. "너희 가운데서 죄가 없는 사람이 먼저 이 여자에게 돌을 던져라." 그리고는 다시 몸을 굽혀서, 땅에 무엇인가를 쓰셨다. 이 말씀을 들은 사람들은, 나이가 많은 이로부터 시작하여, 하나하나 떠나가고, 마침내 예수만 남았다. 그 여자는 그대로 서 있었다. 예수께서 몸을 일으키시고, 여자에게 말씀하셨다. "여자여, 사람들은 어디에 있느냐? 너를 정죄한 사람이 한 사람도 없느냐?" 여자가 대답하였다. "주님, 한 사람도 없습니다." 예수께서 말씀하셨다. "나도 너를 정죄하지 않는다. 가서, 이제부터 다시는 죄를 짓지 말아라"(요 8:1-12).

끄트머리에서 이 글을 쓴다. 점심에 소복하게 눈이 내린 동네를 걸었다. 줄줄이 이어진 식당 창문 안쪽으로 사람들의 무리가 보인다. 애지중지 열두 달을 함께 보낸 가족이거나 직장 동료인 듯하다. 수많은 얼굴 모두가 사뭇 진지하다. 끄트머리는 언제나 여러 감정의 도가니다. 지나간 것들에 대한 적확한 회고와 함께 아직 오지 않은 것들에 대한 어렴풋한 기대가 뒤섞이기 때문이다. 과거와 미래가 아주 살짝 겹쳐 있는 순간, 그것이 끄트머리다. 그래서 끄트머리의 다른 뜻이 일의 실마리인 것이다. 끝이면서 시작인 점, 끄트머리. 시간이란 멈추지 않고 흘러가고 있기 때문에 우리의 매 순간은 끄트머리에 있다고 말할 수 있다. 하지만 이 세상에는 시작의 의미가 삭제된 끄트머리, 곧 종말만을 마주한 사람들도 있다. 그들은 미래를 빼앗긴 사람들이다. 며칠 전, 어느 배우가 세상을 떠났다. 한 사람의 끄트머리를 빼앗은 가혹한 인간과 사회로 인해 오한이 밀려온다.

이른 아침 예수는 성전에 올라갔다. 사람들은 그의 주위에 모였고 여느 때처럼 편히 앉아 사람들에게 하나님의 지혜를 전하고 있었다. 그런데 갑자기 유대 종교지도자들이 한 여자를 데리고 예수가 있는 곳으로 들이닥쳤다. 그녀는 당시 문화 속에서 부정한 성적 관계를 유지하다가 남성들에 의해 현장에서 붙잡힌 것으로 묘사된다. 종교지도자들은 그 여자를 대중 앞에 공개적으로 앞세워 예수에게 묻는다.

> 모세는 율법에, 이런 여자들을 돌로 쳐 죽이라고 우리에게 명령하였습니다. 그런데 선생님은 뭐라고 하시겠습니까?(요 8:5).

성전에 모인 수많은 사람의 시선이 예수에게 집중되었다. 그가 이 주제에 관해서 무슨 답변을 내놓을지, 혹시 그가 당황하거나 얼버무리지는 않을지 궁금했을 것이다. 종교지도자들은 자신들이 만든 덫에 예수가 분명히 걸려들었다고 생각했을 것이다. 그들은 원래부터 자신들의 종교와 사회 체계에 관해 다른 말을 하는 예수를 못마땅하게 여기고 있었다. 그래서 덫을 만들어 예수의 영향력을 잠재울 계획을 세웠다. 그들의 묘책은 규범과 인권의 딜레마 안에 예수를 가두는 것이었다. 그래서 그 목적을 실현하는 데 이용할 만한 대상을 둘러보았고, 간음한 여자를 붙잡게 된 것이다. 그 여자는 사회의 규범을 어겼기 때문에, 그러니까 죄를 지었기 때문에 얼마든지 활용 가능한 호모 사케르(homo sacar)다. 호모 사케르는 '살해는 가능하되 희생물로 바칠 수 없는 생명'을 뜻한다. 호모 사케르는 살해해도 그 죄의 책임을 가해자에게 묻지 않는다. 그래서 이들은 노예가 되기 십상이다. 그들은 저항할 수 없다. 여하튼 잘못을 저질렀기 때문이다. 그들의 잘못은 빌미가 되어 힘 있는 자들의 도구가 된다. 힘 있는 자들은 호모 사케르의 끄트머리를 빼앗는다. 미래의 박탈이며, 가능성의 박탈이다.

종교지도자들은 철저히 계획을 세우고, 그 계획을 실현하는 데 알맞은 호모 사케르인 간음한 여자를 데리고 예수를 찾아왔다. 종교지도자들과 예수의 대화에서 간음한 여자는 한가운데 있지만 아무 말이 없다. 종교지도자들은 상기된 채 예수를 둘러쌌고, 예수는 원래 자리에 그대로 앉아 하던 일을 지속한다. 무미건조한 예수의 반응에 화가 난 종교지도자들은 예수를 다그쳤다. 그제야 예수는 몸을 일으켜 입을 연다.

…너희 가운데서 죄가 없는 사람이 먼저 이 여자에게 돌을 던져라(요 8:7).

그리고 다시 자리에 앉아 사람들을 가르치면서 하던 일을 마저 했다. 시간이 꽤 흐르면서 광분해 있던 이들이 하나씩 자리를 이탈했다. 너희 가운데 죄 없는 사람이 먼저 돌을 던지라는 말에, 나이가 많은 사람들이 먼저 무언가를 깨닫기 시작했음을 성경은 보여 준다. 그들은 예수의 말에 단순히 죄책감만을 느낀 것이 아니다. 이미 돌을 던지려고 작정한 채 모인 사람들이었다. 그들은 간음한 여자에게서 자신을 마주한 것이다. 사람이라면 누구나 하나씩 가지고 있는 그림자를 여자에게서 발견한 것이다. 들통나지 않았을 뿐 자신에게도 있는 그것, 또는 들통난 적 있지만 용서를 받았던 그것을 본 것이다. 죄책감과 연민을 동시에 느낀 모두가 떠났다. 그제야 예수는 하던 일을 멈추고 자리에서 일어난다. 그곳에 남은 두 사람, 예수와 간음한 여자. 예수는 끝까지 여자의 존엄을 지켜 주고 싶었던 것이다. 그리고 말한다.

> …여자여, 사람들은 어디에 있느냐? 너를 정죄한 사람이 한 사람도 없느냐?(요 8:10)

한참 동안 아무 말 없이 서 있던 여자가 입을 연다.

> …주님, 한 사람도 없습니다…(요 8:11).

예수는 여자가 빼앗긴 끄트머리를 다시 건네 주었다. 과거와 미래가 아주 살짝 겹쳐 있는 순간, 끝이면서 시작인 점. 빼앗겼던 그녀의 존엄과 미래가 다시 회복된 것이다.

> …나도 너를 정죄하지 않는다. 가서, 이제부터 다시는 죄를 짓지 말아라(요 8:11).

예수의 가르침을 따르는 기독교는 완전한 인간상을 그리지 않는다. 예수는 완전을 추구하는 인간들의 거짓과 무자비를 질타했다. 실현할 수 없는 완전을 추구하는 거짓된 인간과 사회는 줄곧 미래와 가능성을 박탈한다. 결국 남는 것은 한 인생을 과거에 묶어 버리는 정죄뿐이다. 예수는 완전한 인간이 아닌, 회복하는 인간을 아름다운 인간의 모형으로 여겼다. 기독교가 말하는 구원은 회개, 용서, 회복이다. 그렇기 때문에 구원은 끄트머리에서 일어나는 사건이다. 새로운 일의 실마리가 일어나는 것이 구원이다. 이 사회에도 구원이 임해야 한다. 회개할 수 있는 사회, 용서할 수 있는 사회, 회복하는 사회를 상상한다.

확신의 실수

주 하나님이 들의 모든 짐승과 공중의 모든 새를 흙으로 빚어서 만드시고, 그 사람에게로 이끌고 오셔서, 그 사람이 그것들을 무엇이라고 하는지를 보셨다. 그 사람이 살아 있는 동물 하나하나를 이르는 것이 그대로 동물들의 이름이 되었다(창 2:19).

아주 작은 개미 한 마리가 책상 위에 올라와 나의 공책을 횡단한다. 장난 삼아 볼펜 잉크로 곡선을 그린다. 마치 경사면을 달리듯 개미의 걸음이 휘어진다. 시작점과 끝점이 만나면서 구체적인 이차원 공간이 만들어진다. 개미는 꺼내 주기 전까지 그 제한된 공간을 맴돌았다. 공간은 그 자체만으로는 무규정의 존재다. 공간은 점과 함께, 선과 함께, 면과 함께, 곧 사물에 의지하여 존재하며 우리에게 인식된다. 파티션 너머에서 일하고 있는 동료의 공간을 나의 공간과 구별하려는 습성을 우리는 잘 알고 있다. 우리는 모두 인식이라는 울타리 안에서 살아간다. 하지만 모두가 동일한 인식을 가지고 생을 사는 것은 아니다. 인식은 세계의 객관적 실재를 반영하는 것이 아닌, 세계에 대한 해석이기 때문이다. 나의 속임수에 갇힌 개미는 세계의 실재를 보지 못했고 그 울타리가 제안하는 짓궂은 해석을 자신의 인식으로 무력하게 받아들였다. 이처럼 인식의 울타리, 곧 세계에 대한 해석은 자유로운 결정처럼 보이지만 외부 조건의 영향을 받기도 한다. 그러니까 인식의 울타리는 세계의 실재와 정확하게 일치하지 않을뿐더러 인식 그 자체도 순수하게 자유로운 판단이 아니라는 한계 사실을 받아들여야 한다.

하지만 이러한 인식 과정에서 생기는 여러 상호 작용을 무심하게 건너뛴 채, 아니면 은밀하게 감춘 채, 자신의 해석을 세계의 실재라고 주장하는 사람들을 줄곧 마주한다. 얼마 전, 규모가 큰 교회들을 순회하며 결혼과 가정 관련 특강을 하는 유명한 강연자의 강의를 들을 기회가 있었다. 그는 구약성서에서 발견한 창조 신학에서 현대 윤리를 길어 올렸다. 그는 혼돈에서 질서를 바로 세운 하나님의 창조 질서를 잘 이해하면 건강한 가정의 원리를 발견할 수 있다고 주장했다. 그는 창세기 3:16-17을 근거 삼아 출산과 육아를 여성의 노동으로, 바깥일을 남성의 노동으로 구분하며 이 두 노동을 동등한 것이라고 말했다. 금세 장내는 웅성이는 소리로 가득 찼다. 과연 오늘날 출산과 육아가 합당한 노동의 대가를 받고 있는지 의문을 제기하는 이들도 있었고, 바깥일은 남성의 노동이라는 주장이 자칫 사회의 성 불평등을 지지하는 논리로 작용할 수 있다고 우려하는 이들도 있었다. 청중의 반응을 감지한 강연자는 부리나케 말을 이었다. 이전에 동일한 강의를 하다가 고소를 당할 뻔했다고, 자신을 고소한 이들이 기독교 신앙을 가진 것이 의아하다며 조소했고, 이 주장은 자신의 주장이 아닌 명백한 창조 질서임을 다시 한번 강조했다.

나는 일그러졌다. 강연자가 주장한 성 역할 논리에도 물론 동의할 수 없었지만, 나를 불편하게 한 것은 자신의 해석과 세계의 실재를 유착시킨 강연자의 확신이었다. 만약 그가 자신의 해석과 세계의 실재 사이의 여백을 다소 인정했다면 나는 그 시간을 무심하게 흘려보냈을지도 모른다. 하지만 그는 질서를 확신했고 그 질서에서 벗어난 예외들의 외침 앞에 다시 질서를 놓았다. 그리고 그 질서가 자신의 울타리일 수도 있다는 가능성을 과감히 배제했다.

불확실하고 혼돈한 세계에 내던져진 인간은 확실성과 질서를 끝없이 추구함으로써 정체불명의 생애에 의미를 부여하며 살아간다. 어쩌면 이는 인간의 끝나지 않는 소명일지도 모른다. 하나님은 세계를 창조하셨지만 그 세계의 이름을 정하시지 않았다. 그 중요한 일을 아담에게 일임하셨다. 이는 인간의 숙명을 미리 보여 주는 예표다. 여기서 중요한 것은 인간의 이름 짓기보다 세계가 먼저 존재했다는 사실이다. 그렇기 때문에 우리가 인식하는 세계에 대한 의미가 세계의 실재와 결코 일치하지 않는다는 사실을 기억해야 한다. 이러한 태도는 굳이 관념을 통과해서 얻어지는 것만은 아니다. 삶을 정직하게 들여다보는 이들은 안다. 삶의 현실은 질서보다 무질서에, 확실성보다는 불확실성에 가깝다는 것을. 사랑하는 이들을 하루아침에 잃기도 하고, 의미라고 여겨 온 일들이 순식간에 무의미로 굴러떨어지는 게 우리가 처한 현실이다.

미국의 과학 전문 기자 룰루 밀러(Lulu Miller)의 『물고기는 존재하지 않는다(Why Fish Don't Exist)』는 세계의 본질을 회피한 채 질서와 확실성을 추구하는 일의 위험성을 경고한다. 이 책은 19세기를 살던 어류학자 데이비드 스타 조던(David Starr Jordan)의 이야기를 다룬다. 데이비드는 30년 이상 세계를 누비며 아직 공식적으로 발견되지 않은 물고기들을 수집한 과학자다. 그는 정체 모를 물고기들을 에탄올 유리단지에 담가 박제한 뒤 신성한 의식, 곧 학명을 부여하는 일을 한다. 그는 이름 없는 존재에게 이름을 불어넣는 신적 존재다. 1906년 4월 18일, 샌프란시스코에 대지진이 발생한다. 흔들림이 멈춘 즉시 데이비드는 자신의 연구실로 달려간다. 연구실 바닥은 깨진 유리 조각과 병에서 떨어진 이름표들로 가득했다. 한 인간이 30년 동안 이루어 놓은 질서가 다시 혼돈으로 돌아간 것이다. 하지만 놀랍게도 데이비드는 널브러진 물고기의 시체들을 다시 병에 차근히 담기 시작한다.

 저자 룰루 밀러는 데이비드의 이 경이로운 회복탄력성이 어디서 비롯된 것인지 궁금증을 갖는다. 데이비드와 관련된 무수한 자료를 수집하던 밀러는 뜻밖의 충격적인 사실을 발견한다. 데이비드는 당대 열광적인 우생학자였다는 것. 그는 장애인을 포함한 사회적 소수자의 강제 불임화 법을 지지했다. 밀러는 데이비드가 "자기가 원하는 것은 다 옳은 것이라고 자신을 설득할 수 있는 무시무시한 능력"을 지니고 있었다고 말한다. 그는 평생 물고기를 들여다보며 쌓아 올린 이론에 근거하여 생명들에게는 질서, 곧 우열이 존재한다고 확고히 믿었고, 이 원리를 통해 더 나은 세계를 만들 수 있다고 확신했다. 그렇게 데이비드의 우생학적 질서 안에서 무수히 많은 사회적 소수자가 희생당하고 만다. 이 책의 결론을 직접적으로 언급하지는 않겠다. 끝내 데이비드의 질서와 확실성은 세계의 실재가 아니라는 사실이 드러났고 그의 우생학 프로그램은 정당성을 상실하고 만다.

혼돈에서 질서와 확실성을 찾는 일, 물론 인간의 몫이다. 하지만 세계의 실재를 가린 질서와 확신은 도리어 생명을 다치게 할 수도 있다. 끝으로 균형을 잃을 때 줄곧 떠올리는 칼 바르트의 문장을 인용한다.

긍정과 부정 양자를 연결시키는 것은 모든 이에게 어지

럽고 위태로운 곡예다. 그러나 우리에게는 이것만 남아 있다. 일초 이상도 긍정이나 부정 속에 머무르게 하지 않고 긍정 속에서 부정을, 부정 속에서 긍정을 밝히는 것만이 우리에게 남아 있다('신학의 과제로서의 하나님의 말씀', 〈말씀과 신학: 칼 바르트 논문집1〉).

나를 쓰러뜨리소서

사람들은 야곱을 야비한 인물로 묘사하곤 한다. 그가 술수와 잔머리에 기대어 인생을 살았다고 생각하기 때문이다. 반은 맞고, 반은 틀린 말이라고 생각한다. 비록 장자권을 얻기 위해 형 에서와 아버지 이삭을 속여 도망자 신세가 되기도 했지만 말이다. 하지만 그것은 간절함에서 비롯한 일이었다. 아무 노력 없이 장자의 권리를 가지고 태어난 에서는 정작 그 복된 권리에 관심이 없었다. 심지어 그 명분을 팥죽 한 그릇과 맞바꿀 정도로 에서는 자신이 누리는 호사를 가볍게 여겼다. 우유부단한 에서의 동생 야곱은 간절했다.

이 사건의 발단으로 야곱은 가족의 품을 떠나게 된다. 삼촌 라반의 집에 기거하게 되는데, 그곳에서 야곱은 라헬을 만난다. 그녀를 사랑하게 된 야곱은 라헬을 얻기 위해 무려 14년 동안 노동의 대가를 치른다. 이러한 모습들을 볼 때, 나는 도무지 야곱을 얍삽한 사람으로 볼 수 없었다. 그의 잘못을 굳이 꼽으라면, 그가 욕심이 많다는 점이다.

나에게 야곱이란 인물은 절박한 사람이다. 그는 자신의 삶을 자연의 흐름에 맡기는 법을 알지 못했던 사람이다. 잠자코 있으면 아무것도 얻어낼 수 없는 사람, 의지를 내세우지 않으면 아무도 알아봐 주지 않는 사람. 야곱은 쉴 새 없이 살았다. 그렇다고 해서 인간의 절박함이 아름답기만 한가. 그렇지만은 않다. 절박함의 깊이는 자기 몰입의 깊이와 관련이 있기 때문이다. 인간은 절박할수록 자신 이외의 것들을 배제하는 경향성을 갖는다. 그것이 환경이든, 이웃이든, 신앙이든 말이다.

얍복 강에서의 야곱을 묵상할 때마다 나는 동질감과 이질감을 동시에 느끼며, 그의 신앙을 동경하곤 한다. 아무도 부여하지 않은 삶의 무게에 짓눌린 그에게서 동질감을, 그 짐을 끝내 하나님 앞에 내려놓은 그에게서 이질감을 느낀다. 야곱은 끝내 형 에서를 만나러 간다. 야곱은 형이 자신을 죽일지도 모른다고 생각했다. 전략가이자, 책략가였던 야곱은 에서를 설득하기 위해 예물을 여러 묶음으로 분리했다. 하나씩 전달하여 에서의 화를 풀려는 계획이었다. 모든 준비가 끝났다. 한밤중에 야곱은 가족을 모두 보내 놓고, 홀로 남아 얍복 강가로 향한다.

이 장면에는 구원받은 인간이 등장한다. 야곱이 드디어 무거운 짐을 내려놓았기 때문이다. 야곱의 인생은 무언가를 선택하고, 그에 따른 책임을 지며, 끝없이 주체적인 결정을 하는 인생이었다. 그렇게 얍복 강까지 온 것이다. 야곱은 어떤 미상의 존재와 씨름을 한다. 그리고 그에게 이렇게 말한다. "당신이 내게 축복하지 아니하면 가게 하지 아니하겠나이다." 야곱의 이 말은 매우 의미심장하다. 야곱은 처음으로 자신을 목적어에 둔다. 그는 언제나 능동적으로 복을 쟁취했던 사람이다. 복을 얻어 낸 야곱은 항상 주어의 자리에 있었다. 하지만 얍복 강에서의 야곱은 가만히 버틴다. 또다시 자신이 주어의 자리에 가지 않게 해 달라고 버틴다. 역설적이지만, 야곱은 지기 위해 씨름을 했다. 그만 좀 이기고 싶어서, 그만 좀 책임을 지고 싶어서 하나님과 씨름을 한 것이다. 그의 간절함 때문인지, 하나님은 그를 쳐서 쓰러뜨렸다. 그러고는 야곱이 이겼다고 말씀해 주신다.

야곱은 처참하게 졌지만, 하나님은 그를 이겼다고 말씀해 주셨다. 세월이 흐르면서, 주체적인 삶에 더욱 더 익숙해져 가는 것 같다. 하지만 하나님 앞에서만큼은 그 피로를 내려놓고 싶다.

인간, 하나님의 형상

> 하나님이 말씀하시기를 "우리가 우리의 형상을 따라서, 우리의 모양대로 사람을 만들자. 그리고 그가, 바다의 고기와 공중의 새와 땅 위에 사는 온갖 들짐승과 땅 위를 기어다니는 모든 길짐승을 다스리게 하자"하시고, 하나님이 당신의 형상대로 사람을 창조하셨으니, 곧 하나님의 형상대로 사람을 창조하셨다. 하나님이 그들을 남자와 여자로 창조하셨다(창 1:26-27).

인간은 무엇일까. 요즘은 '호모 사피엔스'라는 학술 용어로 인간 종을 지칭한다. 중립적인 용어를 사용하는 데는 여러 이유가 있지만, 반성적인 의도로 그 용어를 사용하기도 한다. 이는 인간이 모든 영역에서 중심이 되는 것을 의식적으로 지양하려는 태도에서 비롯한다. 오랜 세월 동안 인류는 인류 자신을 세계의 중심에 두었고, 그러한 사고 방식이 실제로 많은 사회적 문제를 야기했기 때문이다. 그것을 '인간 중심주의' 내지는 '인간 우월주의'라고 부르기도 한다. 세계의 모든 문제를 인간의 관점으로 해석하는 것이다. 세계 전체를 인간에게 유용한 방향으로만 이끌어 가다 보니, 대표적으로 자연이 너무 심각하게 파괴되었다. 수많은 생물과 공존할 수 없게 된 것이다. 그래서 요즘 많은 사람들이 인간을 세계의 중심에 두지 않고 상대화하여 표현하곤 한다. 되도록 인간도 여타 생명체와 동등한 지위로 이해하려는 추세다. 그래서 인간 종이라고 부른다.

적지 않은 사람들이 인간 중심주의의 기원을 성경으로 이해하며, 기독교를 비판하곤 한다. 실제로 기독교 역사 속에서 인간 중심주의가 왜곡된 채 전파된 것은 부정할 수 없는 사실이다. 서구 열강들이 식민지 점령을 하면서 사용했던 구절이 바로 창세기 1장에 나오는 '정복하라'였다. 창세기는 그렇게 사용되었다. 유럽의 강대국들이 힘이 약한 나라들 위에서 문화적 영향력을 행사하려고 할 때, 성경에 나오는 '인간 중심주의'를 왜곡하여 인용했다. 그렇기 때문에 기독교의 잘못이 크다. 그런데 사실 이는 교회의 잘못된 성경 해석이었다. 성경은 '인간 우월주의'를 말하지 않는다. 성경은 인간에게 이 세계를 폭력적으로 지배하라고 명령하지 않는다. 창세기는 인간에게 이 세계를 하나님과 같은 마음으로 다스릴 것을 말한다. 여기서 '다스림'은 '폭력적 지배'가 아니다. 오히려 경작과 같다. 농부가 자신의 농작물을 지극정성으로 아끼는 것처럼, 우리 또한 이 세계를 경작할 것을 말씀하신 것이다.

이러한 오해로 인해 기독교가 폭력적인 '인간 우월주의'를 태동시켰다고 비판을 받는 것이다. 그래서 사실 요즘은 점점 인간이 수많은 생명체 중 하나 정도로 이해되는 것이 상식이 되어 가고 있다. 개, 고양이, 고래, 원숭이와 같은 동물과 진화적으로 차이가 있을 뿐, 지구 생명체로서는 별다른 차이가 없다는 관념이 정착되어 가고 있다. 그런데 이것은 일부 필요한 사고방식이긴 하지만 한계가 있으며, 성경이 말하는 인간 이해에도 부합하지 않다. 모든 생명체의 지위가 동등하다고 해서 모든 생명체에게 권리가 주어지는 것은 아니다. 권리는 내부로부터 오는 것이 아니다. 외부로부터 주어져야 한다. 법으로 주어지거나, 권위 있는 누군가의 선언으로부터 권리가 주어진다. 또한 성경은 인간의 우월함을 가르치지 않고, 특별함을 가르친다. 우월함과 특별함에는 차이가 있다. 우월함은 경쟁적인 데서 오는 독특성이고, 특별함은 동일한 것들 중 얻어지는 독특성이다. 우월함은 순서를 매기지만, 특별함은 개별 모두에게 주어진다. 부모가 첫째, 둘째, 셋째 자녀 모두를 특별하게 여기는 것처럼 말이다. 하나님의 집에서 인간의 특별함이 그렇다. 인간은 다른 피조물보다 우월한 존재라기보다 특별한 존재다.

사실 기독교가 인간 우월주의의 실마리를 제공한 것은 사실이지만, 그것은 왜곡이었을 뿐, 기독교가 가르치는 인간 이해는 인류 역사에 크게 공헌했다. 서구의 인권 개념이 기독교에서 나왔다는 사실 역시 부정하기 어렵다. 성경이 말하는 인간 이해, 곧 인간의 특별함은, 인간이 하나님의 형상이라는 사실에 기인한다. 하나님은 수많은 피조물 중에 인간을 당신의 형상대로 창조하셨다. 형상은 이미지다. 우리는 이미지가 없으면 그 대상을 알 수가 없다. 사과를 본 적이 없는데, 사과를 어떻게 알 수 있겠는가. 호랑이를 본 적 없는데, 호랑이의 존재를 어떻게 알 수 있겠는가. 그래서 이 세상에 존재하는 종교들은 이미지를 만들어 종교 행위를 가능하게 만든다. 그래서 사람들은 이미지를 통해 신에게 다가간다. 그런데 기독교는 놀랍게도 이미지, 곧 형상을 만들지 말라고 명한다. 모세가 여호와 하나님에게 받은 십계명 돌판에는 이렇게 적혀 있다.

> 너를 위하여 새긴 우상을 만들지 말고 또 위로 하늘에 있는 것이나 아래로 땅에 있는 것이나 땅 아래 물 속에 있는 것의 어떤 형상도 만들지 말며 그것들에게 절하지 말며 그것들을 섬기지 말라(출 20:4-5).

하나님은 이스라엘 백성에게 이미지를 만들지 말라고 단호하게 말씀하신다. 하나님의 이미지, 곧 형상이 이미 존재했기 때문이다. 바로 인간이다. 하나님은 인간을 당신의 이미지로 창조하셨다. 인간은 본래 서로의 얼굴을 바라보며 창조주 하나님을 떠올릴 수 있는 존재로 창조되었다. 창세기 9:6은 이렇게 말한다.

> 사람은 하나님의 형상대로 지음을 받았으니, 누구든지 사람을 죽인 자는 죽임을 당할 것이다(창 9:6).

사람에게 해를 가하는 것은 하나님에게 해를 가하는 것과 다르지 않았다. 사람과 하나님에 대한 동일시는 예수님의 말씀에도 나타난다.

> 내 아버지께 복을 받은 사람들아, 와서, 창세 때로부터 너희를 위하여 준비한 이 나라를 차지하여라. 너희는, 내가 주릴 때에 내게 먹을 것을 주었고, 병들어 있을 때에 돌보아 주었고, 감옥에 갇혀 있을 때에 찾아 주었다…(마 25:34-36).

하나님 사랑은 이웃 사랑과 짝을 이룬다. 이는 반대의 말로도 성립된다. 이웃 사랑이 하나님 사랑이 되는 이유는 인간이 하나님의 형상이기 때문이다. 이것이 바로 기독교인이 가져야 할 인간 이해다. 우리는 사회적 지위, 인종, 피부색에 따라 인간을 바라보아선 안 된다. 우리는 우리 앞에 서 있는 이가 부자든, 빈자든, 인기가 있든, 인기가 없든, 실력이 있든, 실력이 없든 관계없이 동일한 시선으로 그를 바라보아야 한다. 그가 하나님의 형상이기 때문이다. 우리가 하나님의 형상이라는 사실을 깨달을 때, 비로소 우리는 자신을 아낄 수 있게 되고, 우리 곁에 있는 사람들을 수용하고 섬길 수 있다. 그리고 하나님의 대리자로서 이 세계를 아름답게 경작할 수 있게 될 것이다.

초연(超然)

조금은 관념적인 이야기를 해야 할 것 같다. 요즘 들어 마음 공간을 일정 부분 비우며 살고 싶다는 생각을 한다. 마음이 항상 무언가로 가득 차 있을 때의 나는 내가 보아도 참 유난해 보인다. 마음의 공간을 빽빽하게 메운 채 살아가면 그 무엇도 나에게 들어올 수 없을 것 같은 기분이 든다. 틈새 없는 삶을 산다는 건 어쩌면 고립일지도 모른다는 생각이 문득 들 때가 있다. 비워지지 않은 상태는 하나님으로부터, 사람으로부터, 여러 의미로부터 나를 멀어지게 만들곤 한다. 이를 잘 아는데도 나는 선천적으로 잘 비우지 못하는 사람이다. 마음의 빈 공간을 느낄 때, 억지로 그 여백을 메우려 하지 않아도 되는데 그게 생각처럼 쉽지 않다.

얼마 전에 읽은 시몬 베유의 『중력과 은총』에 이런

문장들이 있다.

> 집착에서 완전히 벗어나려면 불행을 겪는 것만으로는 충분하지 않다. 위안이 없는 불행을 겪어야만 한다. 위안을 생각할 수 없어야 한다 … 그럴 때 비로소 형용할 길 없는 위안이 내려온다 … 시간과 공간 속의 한 점으로 작아질 것. 무(無)에 이를 것 … 절대적 고독. 비로소 우리는 세상의 진리를 갖게 된다(시몬 베유, 『중력과 은총』, 문학과지성사).

다소 자학적이고 회의적인 말처럼 들릴 수 있겠지만, 곰곰 생각해 보면 참 맞는 말이다. 이전에는 나를 둘러싼 환경을 바꿀 수 있는 힘을 달라고 기도를 많이 했던 것 같다. 하지만 요즘은 환경이 바뀌지 않더라도 나를 지킬 수 있는 힘의 위력을 더욱더 느낀다. 아마도 그 힘은 비움에서 비롯하는 것 같다. 비운다는 건 모든 가능성에게 자리를 내주는 행위다. 하나님의 낯선 얼굴, 사람들의 낯선 얼굴, 세계의 낯선 얼굴을 두려워하지 않고 기꺼이 받아들일 수 있는 힘이 비움을 통해 형성된다. 기필코 초연에 익숙하고 싶다. 떠들썩하고 혼란한 것들로부터의 자유, 모든 걸 넉넉하게 감싸안을 수 있는 마음. 생각만 해도 참 아름다운 상태다.

> 주께서 바다의 파도를 다스리시며 그 파도가 일어날 때에 잔잔하게 하시나이다(시 89:9).

청년은 돌아오지 않을 것이다

늦은 퇴근을 하고 장바구니를 챙겨 마을 중심부에 있는 마트에 갔다. 감자를 듬뿍 넣은 카레를 해 먹을 생각에 마음이 부풀어서 적립을 꼭 해야 한다는 아내의 말을 잊은 채 계산대를 쏜살같이 빠져나왔다. 이 식자재 마트 자리는 원래 갈비탕 집이었고 낙지볶음 집이었다. 유동 인구가 많은 사거리에 있는 데다가 널찍한 주차장으로 인해 언제나 대형 체인점이 들어서 있었는데, 이상하게도 하나같이 장사가 잘되지 않았다. 10년 전에 마트가 들어온 뒤, 이 자리는 드디어 제 주인을 만난 것처럼, 사람이 북적이는 광장처럼 변모했다. 주차장으로 활용되었던 공간은 더 이상 차량 진입이 안 되었고 곳곳에 과일만 판매하는 가판대들이 놓이게 되었다. 마을 사람들은 출근하거나 퇴근할 때 대부분 이 마트 앞을 지나가야만 했다. 친구와 약속을 잡을 때면 줄곧 그 마트 앞에서 만나곤 했다. 모두와 만나기에 가장 공평하고 편리한 위치에 있었기 때문이다. 그런데 어느 시점부터 나는 특별한 일이 없으면 그 앞을 일부러 지나가지 않았다. 생각해 보니 교회를 떠나고부터 쭉 그래 왔다. 그 마트는 모교회 옆에 있었다. 별다른 마음은 없었고 교인들을 마주치는 게 피로할 따름이었다. 특히 깊은 대화를 나누어 본 적 없지만 안면이 있는 사이가 힘들었다. 제 길을 가다가 우연히 마주치면 못 본 척 지나치기 민망해서 서로 공허한 말들을 잠시 주고받는 그 순간이 매번 버거웠다. 사실 못 본 척 눈길을 피한 적도 한두 번이 아니다. 물론 상대방도 그러는 걸 몇 번 눈치를 챈 적이 있는데 그저 고마울 따름이었다.

그날은 감자 몇 알만 사서 집으로 곧장 갈 생각이었다. 그런데 가까운 거리에서 나를 보고 활짝 웃으며 걸어오는 사람이 있었다. A 누나였다. 반짝이는 넥타이에 정장 차림을 한 남성 세 명과 함께 걸어오고 있었다. 금요일 8시, 오피스가 없는 마을에서 풀정장을 입고 거리를 활보하는 사람들. 클리셰다. A 누나는 경호원처럼 보이는 남성들을 먼저 보내고 내 앞에 섰다. 중학생 시절 나를 가르쳐 주었던 스무 살 교회 선생님, 지금도 여전히 교회에서 여러 사역을 도맡아 하고 있다는 이야기를 얼핏 건너 들은 적이 있었다. 반가운 마음에 우리는 서로의 근황을 즐겁게 나누었고 다리가 저릴 정도로 오래 서서 대화를 나누었다. 갑자기 누나의 눈시울이 붉어졌다. 끝내 자기도 교회를 나오기로 결정했단다. '끝내', '자기도'라는 단어가 내내 맴돌았다. 나도 이 두 단어를 가지고 교회를 떠났기 때문이다. 내가 다니던 교회에서 청년들이 하나둘씩 떠나기 시작한 것은 2014년부터였다. 나는 2016년, 어느 주일에 교회를 떠났다. 그날 나는 청년부 예배에 지각을 했다. 전날, 엄동설한에 아랫지방 농민들이 트랙터를 타고 서울로 향한다는 뉴스 보도에 신학교 친구들과 함께 광화문을 향했다. 막차 시간을 놓쳐 아현동 어느 허름한 여인숙에서 잠시 눈을 붙였다. 세수만 하고 꼬질꼬질한 상태로 교회를 간 것이다. 예배당 입구에 영관장교 출신의 수석 장로님이 서 있었다. 청년부 회장이 예배에 늦으면 어떡하냐고 야단을 치셨다. 그때는 왜 그랬는지, 나의 속마음을 있는 그대로 다 말했다. 지금 생각하면 큰 이불킥을 자아내는 멘트지만, 나의 순수성을 그리워하는 마음에 읊어 본다. "나라가 이런 상황인데 교회는 무엇을 하고 있는 건지 모르겠습니다!" 지금은 이 정도까지 비장하지는 못할 것 같다. 여하튼 나는 이런 류의 말들을 했고, 장로님의 한마디 답변에 나는 그날로 교회를 떠났다. "박정희 때였으면 싹 다 밀어 버렸어!"

10년 동안 많은 청년이 '끝내', '자기도'라는 단어를 사용하며 교회를 이탈했다. 물론 동일한 상황 때문은 아니다. 최근에도 한 동생에게 연락이 왔다. "형, 저도 떠나요." 이야기를 전부 듣고, 혹시 앞으로 다닐 교회는 결정했냐고 물어보았다. 마트 앞에서 만난 누나도, 그리고 이 동생도 마찬가지로 갈 곳을 정하지 못한 채 교회 바깥으로 나왔다. 다음 거처를 결정하지 않은 채 이전 거처를 떠난다는 것은 매우 아픈 일이다. 시간의 단절을 경험하기 때문이다. 인간은 누구나 흘러가기를 바란다. 과거의 내가 오늘의 나를 지지해 주고, 오늘의 내가 미래의 나를 소망함으로써 인간은 스스로 존재의 의미를 찾기 마련이다. 이 기다란 줄이 어느 지점에서 잘린 것 같은 기분이 들 때 우리는 좌절한다. 우리는 나의 과거가 더 이상 나의 것이 아니라는 생각이 들 때 우울의 늪에 빠지고, 미래라는 줄도 어느 순간 갑작스럽게 끊어질 것이라는 생각이 들 때 불안의 미궁 속으로 떨어진다. 요즘 교회를 떠난 지 10년 정도 지난 친구들과 거리낌 없이 교회에 관하여, 하나님에 관하여, 예수 그리스도에 관하여 말하는 데 어려움이 많이 사그라들었음을 경험한다. 무언가 그 시절의 사태를 공정하게 바라볼 수 있는 마음과 관점이 청년들에게 생긴 것 같다. 일찍이 교회를 떠난 청년들은 한동안 교회니, 믿음이니, 신앙이니 하는 것들을 의도적으로 자기 바깥으로 밀어내고는 최선을 다해 자신들의 인생을 살았다. 그것은 하나님을 향한 저항이나 인간의 원죄에서 비롯한 죄성이라기보다 자신의 삶에 대한 책임, 사랑, 의지에 가깝다.

마치 시간의 단절을 경험하고 디베랴 바다로 다시 돌아간 어부 베드로와 같은 심정일 테다. 그는 그리스도가 곁에 없었던 시절로 돌아가 끊어진 자신의 과거의 줄을 되찾고 싶었을 것이다. 그래서 과거의 자리로 돌아간 것이다. 그런데 예수께서는 베드로의 끊어진 과거의 단면, 그 자리에 서 계셨다. "네가 나를 사랑하느냐"라는 그분의 말은 끊어진 시간의 봉합이며, 영원으로의 포섭이다. 그리스도는 무수한 실패, 낙심,

좌절 속에서 시간의 단절을 느끼는 이들을 영원한 사랑으로 안아 주시고 수용해 주시는 분이다.

청년들이 교회를 떠나는 원인과 분석이 담긴 글들이 많이 보인다. 여태껏 교회가 그들을 얼마나 사랑했기에 뒤늦게 이러한 작업을 하는지 우선 의문이 든다. 날 선 생각을 갖자면, 이 또한 비인격적인 대상화로 느껴진다. 잃어버린 청년들이 곧 돌아올 것이라고 말하는데, 나는 결코 그들이 청년으로서 돌아오지 않을 것이라고 생각한다. 이미 내 친구들은 아저씨가 되었다. 그러니까 '청년'이란 얼마나 고정적인 단어인가. 교회 안에 중간 나잇대가 들어차길 바라는 지극히 구조적인 관점이 담긴 말이다. 그들을 청년이라는 공허한 단어 안에 가두지 않고, 하나의 존귀한 인격으로 대했다면 어땠을까. 어느 청년이 우리 교회를 떠난 것이 아니다. 한 인격이, 한 그리스도인이 청년이라는 틀을 거부한 것이다. 그런데도 교회가 아직까지 청년이 돌아오길 기다리고 있다면, 아마도 그런 일은 없을 것이다.

아프면 가족이 된다고

시원한 바람이 불기 시작한 날 가을이를 집 앞 화단에서 데려왔다. 흙으로 빚어진 듯 보이는 생명체였다. 배꼽에 이상한 실 같은 게 달려 있었는데 그게 탯줄이었다. 어미는 자신의 편에서만 가을이를 끊어 버리고 어디론가 떠났다. 가을이를 인간 세계로 데려온 뒤 반 년이 흘렀다. 얼마 지나지 않았는데 가을이가 조금 달라졌다. 간혹 굵은 목청으로 울기도 하고 집 안 모서리 곳곳에 얼굴을 비비더라. 인터넷에서 정보를 찾아보니 아무래도 발정기가 찾아오고 있는 게 분명해 보였다. 신뢰하는 랜선 수의사 두 분이 있었다. 마이펫상담소의 윤쌤과 미야옹철이라 불리는 김명철 선생님인데, 두 분 모두 발정기를 겪고 있는 반려동물에게는 중성화 수술이 불가피하고 그렇게 하지 않으면 동물과 사람은 한 공간에서 살 수 없다고 단호하게 말했다. 납득이 가면서도 의심스러운 말이었다. 어찌 되었든 동물의 중성화를 내가 결정한다는 것이 못내 불편했다. 그래서 자료를 더 찾아보니 고양이의 발정에는 로맨틱한 서사가 없다는 데 수긍하게 되었다. 가을이는 말을 못하고 정확한 의사를 표현하지 못하기 때문에 이러한 문제에 있어서는 반려인간이 더 심사숙고해야 한다고 생각했다.

결국 아내와 가을이의 중성화 수술을 결정하고 병원을 예약했다. 곧이어 닥칠 일에 대해서 아무것도 알지 못하는 가을이는 병원으로 출발하기 직전까지도 까불거렸다. 동물은 정말 연약한 존재다. 평소에도 워낙 사람을 좋아하는 가을이라서 별 걱정을 하지 않았다. 생각보다 더 순조롭게 가을이를 수의사 선생님에게 넘길 수 있었다. 그 사이에 아내와 나는 잠시 커피를 마시러 갔다. 약 1시간 정도가 흘렀다. 수술이 끝났다는 연락을 받고 병원으로 돌아갔는데 가을이는 보이지 않고 수의사 선생님이 우리를 따로 불렀다. 중성화 수술을 하던 중, 가을이의 한쪽 난소가 기형적으로 다른 장기에 붙어 있는 걸 발견하고는 배를 다시 봉합했다는 이야기를 전해 들었다. 이유는 알 수 없다고 첨언했다. 그러고는 곧바로 마취 상태에 있는 가을이를 큰 병원으로 옮겼다. 새로운 수의사 선생님은 출혈이 많은 큰 수술을 할 수밖에 없는데, 아이가 워낙 어려서 최악의 상황까지 염두에 두어야 한다는 말을 전했다. 그 흔한 중성화 수술이 다른 차원의 수술로 흘러간 것이다. 다행히 수술은 잘 끝났고, 가을이는 회복을 위해 3일 동안 병원에 입원했다.

우리는 일과가 끝나면 곧바로 가을이를 보러 갔다. 병원에 갔는데 간호사님이 물었다. "원래도 가을이가 사납나요?" 온종일 긴장을 풀지 않아서 아이 상태가 너무 안 좋다고, 혹여 물릴 수도 있으니 조심하라는 이야기였다. 정말이지 처음에는 멀리서 다가오는 아내를 가을이가 못 알아보고 이빨을 감추지 않았다. 그런데 가까이에서 이름을 두세 번 부르니 그제야 알아보고 봉합되어 있는 아픈 배를 우리에게 보여 주었다. 그런데 자세히 보니 가을이가 울고 있었다. 고양이도 눈물을 흘린다는 건 전혀 몰랐다. 서로의 감정을 알아들을 수 있는 기호 체계가 없다고 생각했는데, 아니었다. 가을이는 우리에게 아픈 배와 눈물을 보여 주었다. 서로를 향한 아픔을 확인한 뒤 우리는 가족이 되었다.

어린 왕자와 여우의 대화가 떠올랐다.

"길들인다는 게 무슨 뜻이야?"
"그건 사람들이 너무나 잊고 있는 건데, 관계를 맺는다는 뜻이야."
"관계를 맺는다고?"
"네가 나를 길들이면, 우린 서로를 필요하게 돼. 너는 나에게 이 세상에서 단 하나뿐인 존재가 되는 거고, 나는 너에게 세상에서 하나뿐인 존재가 되는 거야."

개인인가, 공동체인가

> 사랑하는 여러분, 서로 사랑합시다. 사랑은 하나님에게서 난 것입니다. 사랑하는 사람은 다 하나님에게서 났고, 하나님을 압니다(요일 4:7).

사람은 집단을 더 추구하거나 개인을 더 추구한다. 집단의 기준에 개인을 맞추려 하거나, 개인의 기준에 알맞은 집단을 형성하려고 하는 두 상반된 경향의 사람들을 주변에서 흔히 찾아볼 수 있다. 오롯이 집단으로만 존재하거나 개인으로만 존재할 수 있는 사람은 없다. 누구나 이성적, 정서적으로 이끌리는 축을 따라 현실의 조건만큼만 움직인다. 집단으로 안정을 추구하는 사람은 개인으로 불안을 경험했고, 역으로 개인으로 자유를 추구하는 사람은 집단에서의 박탈을 경험했다. 그렇기 때문에 교회에 관해 고민할 때도 인간의 이 상반된 두 가지 경향을 반드시 참고해야 한다. 특히 개인의 자유가 문화의 가치 체계로 깊이 스며든 현대 사회에서는 더욱이 그렇다.

예수가 설파한 하나님나라(Basileia)는 그 단어 자체에 국가 공동체의 이미지가 전제되어 있다. 고대 사회의 왕정 체제는 최고 통치자를 기점으로 한 하나의 통합된 유기체였다. 플라톤은 개인의 자유를 추구하는 것보다는 국가 안에서 개인들이 절제함으로써 제 역할을 감당하는 것이 정의를 이루는 길이라고 보았다.

> 우리는 국가가 올바른 것은 그 안의 타고난 세 계급이 저마다 제 할 일을 하기 때문이며, 국가가 절제 있고 용감하고 지혜로운 까닭은 이들 세 계급의 심적 상태와 습관이 다르기 때문이라는 데 합의했네(플라톤, 『플라톤전집4』, 235a, 도서출판 숲).

그러니까 고대 사회의 가치 체계 안에서 집단과 개인의 관계는 서로 관련되어 있지만, 두 가치가 대립했을 경우 언제나 집단이 개인보다 우월한 가치를 선점했다. 신약성경의 저자들은 비록 이 땅의 교회를 가리켜 광의의 단어인 바실레이아(Basileia)보다는 에클

레시아(ecclesia)를 사용했지만, 이 단어마저 정치 활동의 맥락에서는 여전히 공동체적이었다. 신약성경은 여러 곳에서 개인의 실존과 구원에 관한 이야기를 분명히 담고 있다(눅 19:10; 요 4:14; 11:5; 행 3:6; 딤후 1:2). 하지만 신약의 저자들은 개인주의의 세례를 받은 현대인들이 성경의 독자가 되리라고는 생각하지 못한 듯하다. 그래서 성경에 기반한 교회론을 확립할 때는 공동체적 관점뿐만 아니라, 개인의 관점에서도 유효한 교회의 의미와 실천을 담아낼 필요가 있다. 왜냐하면 성경이 보여 주는 삼위일체 하나님과 인간 사이, 그리고 인간과 인간 사이 친교(Koinonia)로써의 교회 공동체는 오늘날 안타깝게도 그 의미가 퇴색되었기 때문이다.

집단주의 문화의 폭력을 경험한 현대인들에게 공동체는 더 이상 안식처의 역할을 감당할 수 없게 되었다. 집단의 가치를 우선시함으로써 개인을 소외시키는 공동체의 현실은 우리에게 너무나 익숙하다. 근래 들어 우리 주변에서 '공동체'라는 규정적이고 배타성을 띤 단어보다 '연대'라는 기능적이고 이타성을 띤 단어가 줄곧 사용되곤 한다. 나는 아무리 개인화되고 있는 사회를 사는 현대인들일지라도 여전히 사람과 사람 사이에서 기능하는 무언가를 원하고 있다고 생각한다.

  연세대학교 사회학과의 김동노 교수는 〈사회이론〉(2023년 봄/여름)에서 '개인주의, 집단주의, 자유주의, 공동체주의와 한국 사회의 변화'라는 글을 기재했다. 그는 한국 사회가 서구 사회와 달리 개인주의와 자유주의가 결합되지 못했고, 집단주의 안에 공동체주의의 특성이 자리하지 못했다고 지적한다. 그에 따르면 본래 자유주의에 기반한 개인주의는 개인의 자유와 평등과 같은 보편의 가치를 우선시하며, 이를 충족한 개인들이 모여 공동체를 추구한다. 마치 『데미안』의 후반부에 등장하는 싱클레어, 에바 부인, 데미안이 이룬 공동체의 모습과 같다. 하지만 많은 사람이 개인주의를 이기주의와 혼용하여 그 개념을 왜곡하곤 한다. 자유주의에 기반한 개인주의는 공동체의 보편 가치와 개인의 보편 가치가 충돌할 경우 개인을 선택하는 지향을 지닐 뿐, 공동체를 완전히 거부하지 않는다. 반면 공동체주의에서는 사회 구성원 모두가 공유할 가치를 설정하고 개인은 확보된 도덕성 안에서 그

가치에 헌신함으로써 공동체에 통합된다. 공동체주의는 개인의 보편 가치 실현보다 공동체의 보편 가치 실현을 우선시한다. 김동노 교수는 이 두 사상의 근본적 차이를 이렇게 설명한다.

> 공동체주의는 개인주의가 개인들 사이의 갈등을 적절히 인식하지 못하고, 개인주의 가치의 추구가 공동체를 와해시키고, 개인주의에서 강조하는 개인의 자유가 형식적 자유에 머무를 위험성이 있음을 비판했다. 역으로 개인주의는 공동체주의가 전체주의적 사회를 가져올 가능성, 공동체 내 개인들 사이의 위계성과 획일성을 조장할 위험성, 공동체 안팎을 차별화하는 사회적 배타성의 문제 등을 지적했다('개인주의, 집단주의, 자유주의, 공동체주의와 한국 사회의 변화', 〈사회이론〉).

그는 끝으로 두 사상이 서로를 배타하지 않는다고 주장한다. 개인의 자유와 권리에 대한 개인주의의 가치와, 공동체에 대한 개인의 책임과 개인을 보호하는 공동체주의의 가치가 사회 안에서 조화롭게 구현되어야 한다고 말한다. 그는 이러한 시도를 가리켜 '자유주의적 공동체주의' 또는 '공동체주의적 자유주의'라고 칭하며 혼란하고 분열된 사회에 이러한 중용의 대안을 제안한다.

신약성경은 자유와 공동체의 조화를 이룰 수 있는 하나의 독특한 원리를 제안한다. 그것은 '하나님', 동의어로 '사랑'이다. 사도 요한은 "사랑하지 않는 사람은 하나님을 알지 못합니다. 하나님은 사랑이시기 때문입니다"(요일 4:8)라고 말함으로써 하나님과 사랑을 존재론적으로 일치시키는 듯한 표현을 사용한다. 또한 자유는 사랑의 필수 조건이다. 바울은 말한다. "하나님께서는 여러분을 부르셔서, 자유를 누리게 하셨습니다. 그러나 여러분은 그 자유를 육체의 욕망을 만족시키는 구실로 삼지 말고, 사랑으로 서로를 섬기십시오"(갈 5:13). 자유만이 사랑의 명예를 드높일 수 있다. 자유가 박탈당한 채 행하는 사랑은 결코 사랑일 수 없다. 그렇기 때문에 인간의 자유의지만이 하나님의 명예를 드높일 수 있는 것이다. 무엇보다 삼위일체 하나님은 자유와 공동체의 조화를 사랑으로 이루고 계신 분이다. 세 위격의 하나님은 독립적이면서 자유로이 서로에게 참여하신다. 위르겐 몰트만은 자유와 사랑의 관계를 삼위일체적 언어로 표현한다.

자유의 진리는 결코 소유물에 대한 힘이나 지배가 아
니다. … 자유는 사랑을 통하여 그의 신적인 자유에 이
른다. 사랑은 자명하고 의문이 없으며 따라서 '선하심의
넘침'이다(위르겐 몰트만, 『삼위일체와 하나님의 나라』,
대한기독교서회).

한국 사회가 겪고 있는 개인주의와 공동체주의 사
이의 간극과 갈등은 한국 교회 안에도 동일하게 나타
나고 있다. 성경이 말하는 자유와 사랑에 대한 뜻을
헤아리지 않은 채 개인과 공동체의 간극을 좁히려는
시도는 과연 가능할까. 기독교는 개인과 공동체 사이
에 사랑이 자리해야 한다고 말한다. 아니, 하나님이
자리해야 한다고 말한다.

자유로운 인간은 인간 본성의 독특한 구조와 한계에
따라 하나님의 피조물이 되기 원한다. 하나님은 인간
이 이웃 인간들과 자유롭게 함께하기를 원하신다. 인간
성의 위대함 혹은 비참함 안에서, 약속 혹은 근심 안에
서, 부유함 혹은 가난함 안에서 서로 함께하기를 원하
신다(칼 바르트, 『하나님의 인간성』, 새물결플러스).

성령

하나님의 영이 여러분 안에 살아 계시면, 여러분은 육신 안에 있지 않고, 성령 안에 있습니다. 누구든지 그리스도의 영이 없으면, 그리스도의 사람이 아닙니다(롬 8:9).

그리스도인의 믿음은 단순히 종교적 열정과 느낌이 아닌 객관적 사실에 기반한다. 하나님이 온 우주를 아름답게 창조하셨다는 것, 인간의 죄를 통해 이 세계에 죽음이 들어왔다는 것, 하나님이 이 문제를 해결하기 위해 인류 역사 속 이스라엘이라는 민족을 부르셨다는 것, 끝내 자신의 아들을 이 땅에 보내셨다는 것, 인간이 된 하나님인 예수께서 이 세계를 구원하기 위해 죽음을 이기시고 부활하셨다는 것 등. 그리스도인의 믿음은 불분명하지 않다. 우리의 믿음이 놓여 있는 이야기는 짜임새가 있다. 기독교의 이야기는 아무렇게 흘러가지 않는다. 명백한 경로를 따라서 흘러간다. 그리스도인들은 이 구원 이야기를 진리로 여기며 그 이야기에 참여하는 사람들이다.

그런데 여기서 해결해야 할 문제가 하나 있다. 객관적 사실이 자동적으로 나에게 의미로 작용하는 것은 아니다. 우리가 뉴스를 시청하고 있다고 가정해 보자. 수많은 사실과 이야기가 전파를 타고 흘러나오고 있다. 경제, 문화, 사회에 관한 정보들이 우리의 감각기관으로 쏟아진다. 심지어 지구 반대편에서 일어나고 있는 사건까지 들려온다. 하지만 그 무수한 사실이 나에게는 정보적 차원에서 끝나는 경우가 대부분이다. 나에게 의미로 새겨지지 않는 것이다. 사실은 매우 중요하지만, 결국 사실이 사람의 관심을 끌거나 사람을 움직이는 것은 아니다. 사람은 의미가 자신에게 새겨질 때 관심이 생기고 움직이게 된다. 그렇다면 의미는 어떻게 생겨 나는 것일까. 나와 직접적으로 관련이 있는 매개체를 통해 발생한다.

나는 원래 길고양이에 전혀 관심이 없었다. 유기묘, 가을이가 우리 집에 들어오기 전까지는 그랬다. 가을이를 키우다 보니 나에게 예상하지 못한 변화가 생겼다. 이전에는 그냥 지나쳤을 길고양이들이 어느 순간 사랑스럽게 보였다. 고양이는 본래 사랑스러운 동물이지만, 나는 그걸 알 수 없었다. 그런데 매개체인 가을이와 함께 살다 보니 고양이의 의미를 발견하게 된 것이다. 이처럼 사람은 대부분 자신에게 직접적으로 관련이 없는 대상에게는 거리가 아무리 가까워도 손을 뻗지 못하고 산다. 생각해 보면 우리가 관심을 기울이는 소식들은 대부분 나와 직접적 관련이 있는 대상이다.

그렇기 때문에 그리스도인의 믿음도 사실과 의미 모두에 뿌리를 내릴 때 비로소 균형 잡힌 신앙으로 성장할 수 있다. 만약 기독교 신앙에 있어서 사실만이 중요하다면 교회는 입시 학원이 되어 버릴 것이다. 기독교의 사실이 우리 각자의 삶 속에서 의미의 영역으로 넘어가지 않으면 우리는 더 이상 교회에 다닐 근본적 동기를 가질 수 없게 될 것이다. 그렇다면 우리가 믿는 바의 사실이 의미가 되려면 어떻게 해야 할까. 기도의 자리로 더 자주 나아가거나, 성경을 깊이 묵상하거나, 봉사의 자리를 찾아 나서면서 우리는 신앙의 의미를 발견해 나갈 수 있다. 하지만 이러한 노력만으로 신앙의 의미를 지속 유지하는 것에는 분명한 한계가 있다. 우리는 연약한 인간이기 때문이다. 매일같이 흔들리는 우리의 노력으로는 신앙의 의미를 발견하기도 어렵고, 만일 발견할지라도 그 의미를 끈기 있게 간직할 힘이 우리에게는 없다.

하나님은 그런 연약한 인간을 알고 계셨다. 그래서 우리가 할 수 없는 일, 곧 신앙을 단순히 사실이 아닌 우리에게 의미로 심겨 주는 일을 하나님 자신이 직접 담당하셨다. 바로 그 놀라운 일을 행하시는 분이 '성령 하나님'이다. 성령 하나님은 삼위일체 하나님의 세 위격 가운데 한 분이다. 성경은 성령을 가리켜 하나님의 영, 그리스도의 영이라고 부른다(롬 8:9). 우리가 신앙생활을 위해 아무리 노력을 해도 성령께서 우리와 함께하시지 않으면, 우리는 그 노력을 지속할 수 없다. 성령은 우리 안에 거하시며 우리를 지속적으로 삼위일체 하나님에게 이끄시는 분이다. 예수님은 이 세상을 떠나시기 전에 다음과 같이 말씀하셨다.

보혜사, 곧 아버지께서 내 이름으로 보내실 성령께서, 너희에게 모든 것을 가르쳐 주실 것이며, 또 내가 너희에게 말한 모든 것을 생각나게 하실 것이다(요 14:26).

우리말 성경에서 보혜사로 번역된 헬라어 '파라클레토스'는 조력자를 뜻하는 단어다. 성령 하나님은 찬양을 받기에 합당한 삼위일체 하나님이지만, 동시에 우리를 위해 가열차게 일하시는 신앙의 조력자이기도 하다. 하나님은 인간에게 몇 가지 신앙 명제를 던져 놓고 알아서 우리가 그 사실과 진리를 깨우치고 지켜 나가도록 방치하는 분이 아니다. 하나님은 멀찍이 떨어져 우리의 신앙을 판단하고 계신 분이 아니라, 우리 신앙의 과정 전체에 적극적으로 참여하시는 분이다. 하나님은 우리를 사랑하는 자녀로 바라보시지, 학습자로 생각하지 않으신다. 사도 바울은 성령 하나님의 열심을 이렇게 묘사한다.

> 성령께서도 우리의 약함을 도와주십니다. 우리는 어떻게 기도해야 할지도 알지 못하지만, 성령께서 친히 이루 다 말할 수 없는 탄식으로, 우리를 대신하여 간구하여 주십니다(롬 8:26).

사람들은 세상을 이해하기는커녕 자신의 필요조

차도 알아차리지 못한 채 삶을 살아간다. 그래서 중대한 결정을 내릴 때 조언을 해 줄 사람을 찾기도 하고, 때때로 영적 힘에 기대고자 무속인을 찾기도 한다. 도무지 알 수 없는 세상 속에서 모든 책임의 과녁 앞에 서 있어야 하는 인간은 참 안쓰러운 존재다. 그런데 바울은 모든 인간이 짊어지고 있는 무거운 짐을 내려놓을 수 있는 유일한 가능성을 우리에게 보여 준다. 바로 성령이다. 성령 하나님을 통해 그리스도와 연합한 자는 하나님에게 자신을 기꺼이 맡길 수 있다. 더 이상 나 자신을 알지 못하는 혼란에서, 나의 진정한 필요가 무엇인지 모르는 불안에서 자유를 얻을 수 있다. 너무 깊은 곳에 있어서 내가 살필 수 없는 나의 그늘진 축축한 공간, 그곳을 감당하고 계신 분이 성령 하나님이다. 우리의 신앙과 삶이 기필코 안전한 이유는 성령 하나님이 우리를 진심으로 공감함으로써 돕고 계시기 때문이다. 우리가 그분의 손을 먼저 놓지 않는다면, 그분의 지도를 거절하지 않는다면, 비록 실수하고 조금 느리게 걸어갈지라도 우리의 걸음은 안정적이다. 성령 하나님과 동행하는 삶이 바로 구원의 삶이다.

성부 및 성자와 마찬가지로 성령은 단지 우리의 신앙생활의 나머지 교리와 체험에 덧붙일 하나의 교리, 관념, 경험이 아니다. 성령은 우리의 삶 속에 침투하셔서 우리 안에 임재하시며 변화를 일으키시는 하나님이시다(크레이그 S. 키너, 『현대를 위한 성령론』, 새물결플러스).

또한 성령 하나님은 우리 각자의 삶을 이끌어 가시는 조력자이면서, 동시에 교회에 거하시는 분이다. 우리가 예배 때 고백하는 사도신경 마지막 부분에 이러한 문장이 있다. "나는 성령을 믿으며, 거룩한 공교회와 성도의 교제와…." 성령에 대한 고백 이후에 곧바로 등장하는 단어가 교회다. 성령을 마치 개인의 영혼을 일깨워 영감을 주는 에너지 정도로 축소하는 사람들이 있다. 성령께서는 조각조각 흩어진 개인들을 일깨워 하나의 교회, 곧 그리스도의 몸을 이루시는 분이다. 바울은 성령과 교회의 관계를 이렇게 묘사한다. "그리스도 안에서 여러분도 함께 세워져서 하나님이 성령으로 거하실 처소가 됩니다"(엡 2:22).

기독교 신앙은 교회 공동체 없이 성립 될 수 없다. 예수께서 약속하신 성령은 오순절, 작은 공간에서 모여 기도를 하던 공동체 위로 내려오셨다(행 2:4). 성령께서는 그리스도와 분열해 있는 우리에게 오셔서 그리스도에게 연합시키시는 분이다. 전혀 다른 자리에서, 각자의 삶을 살던 사람들은 성령으로 인하여 그리스도의 몸으로 초대를 받는다. 그 초대장을 가지고 모여든 곳이 교회다. 피부 색깔, 사회적 지위, 경제력, 그 어느 것도 교회가 되는 데 아무런 효력을 줄 수 없다. 오직 성령의 하나 됨을 누리고 있는 자들이 교회다. 실제로 초기 교회는 고대 세계 안에서 인종과 계급의 두터운 장벽을 넘어서는 성령의 공동체를 이룰 수 있었다. 바울은 이러한 교회를 증언한다. "이방 사람과 유대 사람 양쪽 모두, 그리스도를 통하여 한 성령 안에서 아버지께 나아가게 되었습니다"(엡 2:18).

그러니까 성령에 의해 그리스도와 연합한 우리는 서로의 손을 잡고 성부 하나님에게 나아갈 수 있게 된 것이다. 이것이 바로 교회가 삼위일체 하나님의 존재에 참여하는 놀라운 신비다. 우리가 습관적으로 고백하는 '성도의 교제'는 단순히 우리 안에서 일어나는 친목도모를 뜻하는 말이 아니다. 성도의 교제는 교회 공동체가 삼위일체 하나님의 영원한 사랑에 참여하는 것을 의미한다. 우리는 성령의 도우심으로 하나님의 사랑을 경험하면서 그 사랑을 흘려보내는 삶을 살아간다.

서두에 언급한 그리스도인의 믿음이 단순히 종교적 열정과 느낌이 아니라는 것은 지금도 우리 곁에 계시는 성령 하나님이 실제로 존재하시며 일하고 계시기 때문이다. 만약 기독교에 관련한 이야기들이 여전히 나에게 아무런 의미를 주지 않는다면, 성령을 갈망해야 한다. 그것은 하나님을 갈망하는 것과 동일하다. 우리가 성령을 구할 때, 성령은 우리에게 새로운 삶을 건네주실 것이다. 예수께서 말씀하셨다.

> 너희가 악할지라도 너희 자녀에게 좋은 것들을 줄 줄 알거든, 하물며 하늘에 계신 아버지께서야 구하는 사람에게 성령을 주시지 않겠느냐?(눅 11:13).

흔들리는 공간에서

믿음으로 아브라함은, 부르심을 받았을 때에 순종하고, 장차 자기 몫으로 받을 땅을 향해 나갔습니다. 그런데 그는 어디로 가는지를 알지 못했지만, 떠난 것입니다. 믿음으로 그는, 약속하신 땅에서 타국에 몸 붙여 사는 나그네처럼 거류하였으며, 같은 약속을 함께 물려받을 이삭과 야곱과 함께 장막에서 살았습니다. 그는 하나님께서 설계하시고 세우실 튼튼한 기초를 가진 도시를 바랐던 것입니다(히 11:8-10).

기독교는 믿음의 종교다. 믿음은 16세기 종교개혁자들의 가장 중요한 신학적 전환이자 참 신앙으로의 회복을 나타내는 단어였다. 오직 믿음으로(Sola Fide). 성경에서 가장 처음 믿음을 언급한 구절은 창세기 15장이다. "아브람이 주님을 믿으니, 주님께서는 아브람의 그런 믿음을 의로 여기셨다."

의는 올바른 상태를 뜻한다. 성경은 믿음 있는 인간을 올바른 인간, 곧 의인이라고 수천 년의 간격을 두고서 일관되이 가르친다. 오늘날, 믿음이라는 단어는 혼탁해졌다. 단어의 의미를 파악할 때는 그 단어가 발생한 정황을 살펴봄으로써 뉘앙스와 개념을 알아차려야 한다. 동일한 단어라고 해서 동일한 개념을 가진 것은 아니다. '의사가 칼을 들었다', '살인자가 칼을 들었다.' 여기서 칼이라는 목적어는 동일하지만 정황이 달라짐에 따라서 칼의 의미가 달라진다. 이처럼 믿음이라는 단어가 혼탁해진 탓은 믿음을 말하고 사용하는 수많은 기독교인의 드러나는 삶의 정황 때문이다. 믿음은 무지성과 뻔뻔함의 대체어가 되었다. 그렇다면 믿음의 참뜻은 무엇인가. 아브라함의 정황을 살펴보는 것이 가장 적확하다.

어느 날 하나님은 아브라함에게 아들 이삭을 살아 있는 제물로 바칠 것을 요구한다. 아브라함은 그 요구에 응한다. 히브리서 저자는 "아브라함은 시험을 받을 때에 믿음으로 이삭을 바쳤"다고 기록한다(히 11:17). 아브라함이 말도 안 되는 일을 실행할 수 있었던 동기는 믿음이었다. 그가 믿음을 선택하는 데 있어서 두

가지의 딜레마가 있었는데, 먼저는 하나님에 관한 것이고 또 다른 하나는 아들에 관한 것이다. 아브라함은 하나님이 고대 주변 국가의 신들처럼 인신제사를 받는 신이라고 생각하지 않았다. 무엇보다 아들 이삭은 하나님이 체결하신 언약의 주인공이었다. 그러니까 아브라함에게 있어서 믿음을 선택하는 일은 기존의 질서와 체계의 붕괴였다. 끝내 아브라함은 믿음으로 이삭을 바쳤다. 그 믿음은 과연 무엇이었기에, 이토록 불연속적이고 비합리적이고 무모할 수 있었을까.

아브라함은 하나님이 이삭을 죽은 자 가운데서 다시 살리실 거라고 생각했다(히 11:17). 아브라함은 무리하게 앞을 내다보았다. 하나님을 신뢰했기 때문이다. 그 신뢰는 하나님과의 관계로부터 왔다. 우르, 이집트, 가나안에 이르기까지 자신의 가족과 동행해 온 하나님이었기 때문이다. 그리고 이삭을 통해 민족을 이루겠다는 그분의 언약 사건이 분명했기 때문이다. 하지만 아브라함이 믿음을 가진 인간이 되길 기대한 하나님은 의도적으로 딜레마를 연출했다. 아브라함은 과거의 경험을 통해 하나님에 관한 이해를 축적했고 그 이해들로 자신의 세계를 구축했다. 그리고 자신의 세계 안에서 일상을 만들었고 연속적이고 자연스러운 미래를 내다보았다. 아브라함은 자신이 형성한 안정적 질서 안에서 하나님이 머물고 활동할 것이라고 생각했는지도 모른다. 이따금 인간은 금송아지라는 질서를 만들고 그것을 우리를 구원한 하나님이라고 주장한다. 그러나 하나님은 인간이 작위적으로 만든 질서에 속박당하지 않는 분이다. 비록 인간과 소통하며 세계와 관계하지만, 그렇다고 거기에 발이 묶이거나 어떠한 질서 아래에 놓이는 존재가 아니다. 하나님을 사로잡을 수 있는 피조물은 없다. 때문에 하나님은 아브라함에게 불편하고 지극히 낯선 모습으로 나타난 것이다. "너의 아들, 네가 사랑하는 외아들 이삭을 번제물로 바쳐라"(창 22:2). 아브라함은 하나님의 말씀을 상식적으로 이해할 수 없었지만 받아들인다. 이는 하나님의 말씀에 대한 순종이라기보다는 하나님 자체에 대한 순종이다. 그분의 말씀이 이해되었기 때문이 아니라, 그분의 존재를 신뢰했기 때문에 할 수 있었던 순종이다.

그러니까 기독교를 믿음의 종교라고 했을 때, 여기서 말하는 믿음이란 하나님의 존재에 대한 '근원적인 신뢰'다. 인간은 각자가 처한 현실 상황에 따라서 하나님을 이렇게도 말하고 저렇게도 말한다. 믿음이 흔들린다는 건 하나님에 대한 불안과 의심을 느끼는 것인데, 마치 사랑하는 사람이 더 이상 나를 사랑하지 않는 것은 아닐까, 하며 불안과 의심을 느끼는 상태와 흡사하다. 나의 현실로 상대방의 현실을 재구성하는 것이다. 불신은 망상을 낳고, 망상은 두려움을 낳고, 두려움은 소외를 발생시킨다. 그렇기 때문에 사람에 대한 불신이 자신을 이웃으로부터 자발적으로 소외시키듯, 하나님에 대한 불신은 자신을 하나님으로부터 자발적으로 소외시킨다. 죄를 진 아담이 하나님의 낯을 피해 숨었던 것처럼.

근원적 신뢰, 곧 믿음은 현실에 기반하지 않는다. 아니, 그래서는 안 된다. 믿음의 기반은 나도 아니고 여기도 아니다. 나의 현실에 기반한 믿음은 모래 위에 지어진 집과 같아서 곧잘 무너지기 마련이다. 믿음의 기반은 자비롭고 사랑이 충만하신 하나님의 존재에 있다. 믿음은 여기서 눈에 보이는 조각들로 퍼즐을 맞추는 것이 아니라, 저기에 완성된 그림을 이곳으로 끌어당겨오는 것이다. "믿음은 바라는 것들의 확신이요, 보이지 않는 것들의 증거다"(히 11:1). 현실 너머의 하나님에 대한 믿음은 숱하게 흔들리고 변화하는 현실 속에서 우리를 숨 쉬게 하고 살게 하며 나아가게 한다. 그래서 믿음 없는 자들은 믿음 있는 자들을 줄곧 무모한 사람들로 여긴다. 이미 놓인 재료들을 가지고 삶을 살지 않고 아직 보이지 않는, 아직 만져 본 적 없는 재료들을 가지고 삶을 사는 사람들이 상식적으로 보일 리 없다. 믿음의 행위는 합리적이지 않고 정당하지 않고 증명할 수 없는 부조리한 선택이다. 그렇기에 우리는 믿음의 기반을 결코 이곳에서는 찾을 수 없다. 믿음이란, 하나님이 절벽 아래에 있는지 없는지 확신할 수 없지만 그분의 품으로 믿음의 도약을 하는 것이다. 이곳 너머에 있는 하나님에 대한 근원적 신뢰다.

수년 전, 비극의 참사가 한국 사회를 궁지로 몰아넣었다. 청년들이 좁은 골목에서 압사당했다. 숨이 안 쉬어진다고 소리치던 울부짖음들이 뇌리에서 떠나지 않는다. 그뿐인가. 무한 경쟁 사회로 내던져지고 얼마 지나지 않아 팬데믹으로 인해 모든 경제, 문화 활동이 봉쇄되었다. 지난한 3년 동안 청년들은 자본주의가 들려주는 막연한 신화들에서 큰 상흔을 입었다. 주식, 비트코인, 부동산 갭투자. 삶이 나아질 것이라고, 삶이 나아진 사람이 있다고 하는 소리가 이곳저곳에서 가열차게 들렸다. 하지만 바람처럼 떠도는 무성한 소문과는 다르게 실체는 없었다. 역병의 종결이 공식적으로 선언되고 숨 한번 제대로 쉬고 싶어 바깥으로 나섰을 뿐인데 수많은 젊은이가 숨을 쉬지 못해 세상을 떠났다. 아무도 이런 사태가 발생할 거라고 예상하지 못했다. 나는 근래 들어 우리가 그 무엇도 믿을 수 없는 가혹한 시대를 살고 있다는 사실을 사무치게 경험하고 있다. 가까운 곳에서, 그리고 먼 곳에서. 의심 없이 그저 믿고 살아온 거대한 빙산이 서서히 조각나고 있음을 본다.

2023년 봄, 인천의 어느 30대 남성이 스스로 목숨을 끊었다. 팬데믹을 극복하며 차곡차곡 모은 전세 보증금 칠천만 원을 임대사업자에게 사기를 당한 것이다. 그의 휴대폰에는 이런 글이 적혀 있었다. '전세 사기 관련 대책이 실망스럽고, 더는 버티기 힘들다.' 혹자는 고작 칠천만 원 때문에 삶을 정리한 것이 안타깝다고 말하지만, 그가 잃은 건 단순히 돈이 아니라 희망이었다. 그가 홀로 느꼈을 이 사회에 대한 아득한 공포감을 조심스럽게 가늠해 본다. 그는 누구도 믿을 수 없었을 것이다. 그래서 호소할 대상도 없었을 테다. 고개를 돌려 넓은 세상을 바라보아도 마찬가지다. 세계는 전쟁 중이다. 나는 자라면서 적어도 인간이 이성적이며 도덕적이라고 믿어 왔다. 더 나은 존재로 진화 발전하고 있다고 생각했다. 하지만 이마저도 흔들리고 있다. 지구 반대편에서 유튜브를 통해 실시간 전쟁 영상을 관전할 수 있다는 것이 믿기지 않는다. 이토록 노골적이고 잔혹한 시대가 또 있었을까. 역사가 흐르면서 흔적이 생기고 그것을 발판 삼을 뿐이지 인간 자체가 나아지는 것은 아니라는 결론에 이르고 있다. 어느 의로운 사람일지라도 그가 인류 전체를 책임질 수 없다. 인간은 누구나 먼지가 되어 사라지고 만다. 그리고 또 다른 백지 상태의 인간이 태어나서 삶을 어떻게 살 것인지를 결정한다. 때문에 그 무엇도 자연스럽게 믿을 수가 없다. 적어도 이 시점에서 우리는 한국 사회에 대한 믿음은 물론, 세계에 대한 믿음 또한 말할 수 없다.

한 세기 전, 지금 우리의 감정과 처지를 매우 닮은 채로 강단에 올라선 설교자가 있다. 디트리히 본회퍼다. 그는 1932년 2월 21일, 국민애도일 저녁 설교에서 이렇게 말했다. "교우 여러분, 자신의 믿음이 파괴

되었음을 분명히 느끼는 것이야말로 이미 참된 믿음에 속합니다." 결코 극단적 표현이 아니다. 우리의 믿음 또한 기반을 상실한 채 흔들리고 있고 이미 파괴되고 있다. 믿음을 상실한 개인과 사회는 서서히 서로를 밀어낼 것이며 적극성을 포기한 채 밀실로 후퇴할 것이다. 믿음을 도무지 말할 수 없는 시대에 그리스도인은, 교회는 세상 속에서 무엇을 드러내야 하는가.

아브라함이 얻게 된 그 믿음이 우리를 살게 할 것이다. 현실 너머에서 올곧게 그 자리를 지키고 계신 하나님을 신뢰하는 것, 그것이 바로 흔들릴 수 없는 믿음이다. 현실 질서 너머에서 일하고 계신 평화의 하나님이 이 세상을 이끌어 가실 것이라는 믿음은 우리 삶에 깃든 불안과 의심의 악령들을 거두어 낼 것이다. 모두가 믿지 못할 때, 심지어 믿을 수 없는 상황일지라도 그리스도인들은 그 파괴된 믿음을 받아들임으로써 참되게 믿어야만 한다. 그럴 때 우리는 이웃들의 삶에 깃든 불안과 의심의 악령까지도 내쫓는 복의 통로가 될 것이다. 오직 믿음으로.

믿음

그러나 사람이 율법을 행하는 행위로 의롭게 되는 것이 아니라, 예수 그리스도를 믿는 믿음으로 의롭게 되는 것임을 알고, 우리도 그리스도 예수를 믿은 것입니다. 그것은, 우리가 율법을 행하는 행위로가 아니라, 그리스도를 믿는 믿음으로 의롭다고 하심을 받고자 했던 것입니다. 율법을 행하는 행위로는, 아무도 의롭게 될 수 없기 때문입니다(갈 2:16).

교회를 다니면서 우리가 가장 흔히, 그리고 많이 듣는 단어가 믿음이다. 사람들은 믿음이라는 단어를 신앙생활의 수준이나 상태를 나타낼 때 줄곧 사용한다. 사람들은 교회 생활을 성실하게 하는 사람을 믿음이 좋은 사람이라고 칭하며, 반대의 사람을 믿음이 약한 사람이라고 칭한다. 하지만 과연 믿음을 수치로 환산할 수 있을까. A의 믿음은 30퍼센트이고 B의 믿음은

70퍼센트라고 말할 수 있을까. 기독교의 믿음은 수치로 나타낼 수 없다. 이는 관계의 어휘 안에서만 설명되기 때문이다. 관계라는 맥락에서 보자면, 믿음은 신뢰와 동의어다. 실제로 한국어로 번역한 믿음은 그리스어로 '피스티스'라는 단어인데, 이 단어는 '충성'과 '신실함'을 뜻하기도 한다. 믿음이란 일방적인 개인 신앙의 능력치를 뜻하는 것이 아닌, 상호적 관계를 전제하고 있는 것이다. 그렇기 때문에 믿음은 강하거나 약하거나 하는 양적 기준으로 표현할 수 없다. 오로지 믿음은 있는가 없는가, 라는 기준으로만 표현할 수 있다. 만약 내가 억울한 누명을 썼다고 가정해 보자. 아무도 나를 믿어 주지 않는 상황에서, 가장 사랑하는 사람에게 나는 이렇게 묻는다. "너는 나를 믿지?" 상대로부터 답변이 돌아온다. "절반가량 믿고 있어." 답변을 들은 나는 크게 좌절할 것이다. 믿음은 믿거나, 믿지 않거나 둘 중 하나를 결정해야 하는 위험천만한 행위다. 리스크를 최소화하며 살아가는 현대인들에게 믿음이란 매우 부담스러운 것이지만, 성경이 말하는 믿음은 바로 이러한 부담스러운 믿음을 뜻한다.

그리스도인이 된다는 것은 다른 표현으로 그리스

도를 믿는 사람이 된다는 것을 의미한다. 바울은 예수 그리스도를 믿음으로 우리가 의롭게 된다고 말한다. 하나님과 분열된 인간은 죄와 죽음 아래 놓인 불의한 존재다. 한마디로 인간은 거룩한 하나님에게 나아갈 수 없는 부정한 존재다. 하지만 이미 충분히 다루었듯이, 예수 그리스도께서는 죄와 죽음을 이기심으로써 우리 모두가 거룩한 하나님에게 나아갈 수 있는 문을 활짝 열어 놓으셨다. 모든 인간은 그 문 앞에 서 있다. 아니, 그 문이 우리 모두의 앞으로 다가와서 기다리고 있다. 그 문으로 들어갈 수 있는 조건이 바로 믿음이다. 바울은 말한다. "…우리는 성령을 힘입어서, 믿음으로 의롭다고 하심을 받을 소망을 간절히 기다리고 있습니다"(갈 5:5). 우리는 자신의 역량으로 의로운 존재가 될 수 없다. 하나님이 우리를 구원하신 이야기의 총체, 곧 예수 그리스도의 모든 것을 진리로 받아들이며 그에 합당한 삶을 사는 것이 믿음이다. 하나님은 그 믿음을 가진 사람을 의롭다고 여겨 주신다. 이사야서는 하나님의 구원을 이렇게 묘사한다.

> …주님께서 나에게 구원의 옷을 입혀 주시고, 의의 겉옷으로 둘러 주셨으니, 내가 주님 안에서 크게 기뻐

하며, 내 영혼이 하나님 안에서 즐거워할 것이다(사 61:10).

우리의 수치스러운 몸을 하나님께서 구원의 옷으로 감싸 안아 주신다는 것이다. 이러한 기독교 복음의 어휘를 잘 이해해야 한다. 우리의 구원은 우리가 이룬 것이 아니라, 하나님이 이루셨다. 그래서 우리는 감히 구원을 이루었다고 말할 수 없다. 다 이루었다고 선언한 분은 오직 예수 그리스도뿐이시다(요 19:30). 그분이 이루신 구원에 우리는 믿음으로 동참할 수 있는 은혜를 입었을 뿐이다.

그렇다면 '믿음은 무엇이며 우리의 믿음은 어떻게 확인할 수 있는가?'라는 질문을 던져야 한다. 바울은 믿음과 대립되는 율법이라는 단어를 사용함으로써 믿음의 정의를 더욱 자세하게 드러낸다. 율법은 말 그대로 법이다. 법은 공동의 질서를 만들어 사회에서 발생하는 악의 현실을 최소화하며 사회를 억제한다. 그렇기 때문에 법은 좋은 것이다. 하지만 법은 쉽게 미지근한 형식이 될 여지를 가지고 있다. 법은 '쓰레기를 버리지 마세요'라고 말할 수는 있어도, '쓰레기를 주워야 합니다'라고는 말하지 못하기 때문이다. 그래서 대부분의 사람은 '~하지 마세요'라는 법을 어기지 않는 것에 만족하곤 한다. 법을 지키는 것을 선을 행하는 것이라고 착각하는 것이다. 신약성경의 바리새인들이 범한 오류가 바로 이것이다. 그들은 율법을 지키는 것을 선한 행위로 여겼고, 실제로 약자들에게 자비를 베푸는 일보다 안식일을 지키는 법을 우선시했다. 법을 잘 지키는 사람이라고 해서 선한 사람인 것은 아니다. 법을 지키는 것이 선을 행하는 것은 아니다. 안타깝게도 우리의 삶은 단순하지 않기 때문에 선을 행하기 위해서 법을 어겨야 하는 경우도 종종 발생한다. 복음서에 나타난 예수님은 이러한 모순 속에서 언제나 법의 편에 서지 않고, 선의 편에 서셨다. 그분은 미지근한 형식주의자들에게 이렇게 말씀하셨다. "…안식일이 사람을 위하여 생긴 것이지, 사람이 안식일을 위하여 생긴 것이 아니다"(막 2:27). 예수님이 이러한 부조리한 상황 속에서 언제나 선을 선택할 수 있었던 것은 하나님에 대한 믿음 때문이었다. 믿음이 신뢰라고 했을 때, 예수님은 아버지 하나님을 신뢰하셨다. 하나님의 성품을 신뢰했기 때문에 위험한 믿음을 선택할 수 있었던 것이다.

믿음은 종교적 규범, 법칙, 교리를 넘어선다. 왜냐하면 관계적 신뢰이기 때문이다. 믿음의 조상이라고 일컬어지는 아브라함은 하나님에게 그 믿음을 인정받았다. 어느 날, 하나님은 아브라함에게 하나뿐인 아들인 이삭을 자신에게 번제물로 바칠 것을 요구하셨다. 아브라함은 크게 절망했지만, 그 말에 순종하기로 결심한다. 아들을 제단 위에 결박한 채 큰일을 벌이려던 찰나, 하나님이 아브라함을 막아선다. 아브라함과 이삭은 모두 살았다. 히브리서의 저자는 아브라함이 '믿음'으로 이삭을 바쳤다고 이 사건을 해석한다(히 11:17). 여기서 아브라함이 가진 믿음은 하나님에 대한 신뢰였다. 그래서 아브라함은 그 위험을 감수할 수 있었던 것이다. 그리고 그 위험을 감수하는 행위를 했기에 자신의 믿음을 확인받을 수 있었다. 적지 않은 그리스도인들이 자신의 믿음을 증명하기 위해 행동한다. 또한 믿음이 있다는 것을 증명하고 싶어 한다. 하지만 믿음은 증명하는 것이 아닌, 증명되는 것이다. 믿음은 확인하는 것이 아닌, 확인받는 것이다.

믿음, 그것은 결코 낭만적인 심리 상태가 아니다. 오히려 끝없는 투쟁에 가깝다. 믿음의 존재는 평화로운 상태에서 드러나지 않는다. 첨예한 갈등과 부조리한 삶의 현실 가운데 믿음을 선택해야 하는 순간들이 우리에게 찾아올 것이다. 믿음을 선택할 때 우리는 예수님처럼 외로워질 것이다. 하지만 그 믿음이 우리를 구원하는 믿음이라는 사실을 분명히 확인받게 될 것이다. 하나님은 우리의 믿음을 기뻐하시고 인정해 주시는 분이기 때문이다.

> 사람이 율법의 행위와는 상관없이 믿음으로 의롭다고 인정을 받는다고 우리는 생각합니다(롬 3:28).

에필로그_ 예수의 품

나의 자녀 여러분, 나는 여러분 속에 그리스도의 형상이 이루어지기까지 다시 해산의 고통을 겪습니다(갈 4:19).

하나님은 창조하신 피조물들 중 특별히 인간을 통해 자신의 모습을 드러내셨다. 우리는 하나님의 형상으로 지음 받아 이 세계를 잘 다스리고 보존함으로써 하나님의 영광을 반영하는 삶을 살아야 했고, 그 삶이 진정한 행복과 기쁨이었다. 그런데 인간은 하나님과 동일한 자리에 서고 싶은 욕망으로 인해 망가졌다. 서로의 모습을 통해 하나님의 형상을 발견하기 어려운 처지에 놓였다. 죄 때문이다. 죄는 우리를 하나님으로부터 분열시키고, 이웃으로부터 분열시켰다. 기독교, 곧 성경이 말하는 인간의 상태가 그렇다. 우리는 본래 하나님의 형상이었지만, 죄로 인해 망가져 버린 존재들이다. 그래서 우리는 더 이상 인간을 긍정할 수도, 부정할 수도 없는 딜레마에 놓이게 되었다.

긍정과 부정, 신약성경은 우리에게 놓인 이 아이러니한 현실을 극복할 수 있는 길을 보여 준다. 그것은 바로 '예수 그리스도를 통해 드러난 하나님의 형상'이다. 하지만 이 하나님의 형상을 내 안에서 찾기 어렵고, 이웃에게서도 찾기 어렵다. 그렇다면 '하나님의 형상'이란 도대체 무엇인가? 이 문제에 관해서 수많은 신학자들이 논의해 왔다. 인간이 다른 피조물과 달리 하나님을 닮은 특별한 존재라면, 우리가 가진 무엇 때문에 하나님의 형상이라고 불릴 수 있을까. 진지하게 고민하는 이들은 인간과 하나님 사이의 공통 분모를 찾게 되면 우리가 왜 하나님의 형상인지를 밝힐 수 있을 것이라고 생각했다.

시대에 따라서 인간이 하나님의 형상일 수 있는 근거는 다양하게 제시되었다. 어떤 이들은 하나님의 형상을 '이성'이라고 생각했다. 다른 동물들은 할 수 없는 인간의 고유한 활동을 이성 활동으로 보았기에, 이성을 가리켜 하나님 형상의 중요한 요소일 것이라고 생각한 것이다. 그리고 어떤 이들은 도덕성을 하나님 형상의 본질이라고 생각하기도 했다. 인간만이 선한 행위를 할 수 있는 도덕 의지를 가지고 있다고 본 것이다. 올림픽 마라톤에서 1등으로 들어오고 있던 어느 선수가 갑자기 쓰러져 있는 선수를 일으켜 세워 함께 목표 지점에 들어오는 모습을 본 적이 있다. 그것이 도덕성이다. 인간은 자신의 것을 포기할 수 있는 존재다. 그 '도덕성'이 하나님의 형상일 것이다, 라고 혹자는 생각한 것이다. 그리고 어떤 이들은 '관계성'을 하나님의 형상으로 보았다. 하나님이 숨을 불어넣어 주신 인간은 하나님과 소통할 수 있는 존재가 되었으니 말이다.

앞서 나열한 주장들은 모두 '하나님의 형상'을 인간에게서 찾으려고 한 노력들이다. 인간을 깊이 들여다보고, 우리가 아닌 다른 존재들과의 비교를 통해 하나님의 형상을 발견할 수 있을 것이라며 구상한 사유의 노력들이다. 많은 사람들이 왜 그토록 하나님의 형상이 무엇인지 고민하는 것일까? 돌이키기 위함이다. 본래 인간이 가장 아름다웠던 때로 돌아가고자 하는 마음 때문이다. 그렇다면 우리는 무엇을 회복해야 하는 것일까? 이성적 능력을 회복해야 하는가, 도덕적 능력을 회복해야 하는가, 관계적 능력을 회복해야 하는가? 하나님의 형상을 되찾으려는 인간의 노력은 반성하는 마음에서 비롯한다. 사실, 우리가 회복해야 할 하나님의 형상을 발견하는 일은 그리 어렵지 않다. 앞서 언급한 무수한 주장들이 잘못된 주장은 아니다. 하지만 그런 탐구는 무척 어렵고, 그것을 발견할지라도 어떻게 하나님의 형상을 회복해야 할지에 대한 또 다른 문제가 남아 있다.

성경은 인간이 회복해야 할 하나님의 형상을 선언한다. 바로 예수 그리스도다.

> 그 아들은 보이지 않는 하나님의 형상이시요, 모든 피조물보다 먼저 나신 분이십니다(골 1:15).

이제 우리가 볼 수 있는, 이해할 수 있는 유일한 하나님의 형상은 예수님이다. 우리는 그분을 통해서 하나님의 형상이 무엇인지 알 수 있다. 예수 그리스도가 하나님의 형상이라는 것은 다른 말로 그분을 통해 하나님을 볼 수 있다는 말이기도 하다. 하나님의 형상,

우리의 찬란했던 그 시절을 되찾기 위해 인간의 속을 들여다보는 일은 나름대로 의미가 있을 수 있다. 하지만 그것은 너무 지난한 과정이고, 우리와 이 세계가 죄로 인해 너무 왜곡되어 있기 때문에 거의 불가능한 과업이다. 2000년 전, 온전한 하나님의 형상으로 이 세상에 오신 예수 그리스도, 우리는 그분의 삶과 죽음 그리고 부활을 통해 하나님의 형상이 무엇인지 알 수 있다. 그리고 그 형상을 본받아, 그 형상과 연합하여 우리 또한 하나님의 형상으로 회복되어 갈 수 있다.

> 흙으로 빚은 그 사람의 형상을 우리가 입은 것과 같이,
> 우리는 또한 하늘에 속한 그분의 형상을 입을 것입니다
> (고전 15:49).

딜레마 너머의 딜레마가 기다리고 있는 이 세상, 상극에서 울려 퍼지는 메아리에 갇혀 사는 우리를 그리스도께서 안아 주신다. 창조주 하나님의 형상이신 그분이 우리를 자신의 품으로 끌어당기신다. 기독교가 전하는 구원의 장소는 예수의 품이며, 그분의 심장이다. 경계 위에서 흔들거리고, 분열하며, 의심하는 나의 존재를 예수의 심장에 내맡긴다. 나의 심장 박

동 소리가 서서히 줄어들고, 예수의 영원한 심장 소리가 이내 가득해진다.

불안이 낳은 묵상

경계 위 그리스도인

초판 1쇄 발행 2025년 7월 25일

지은이 최병인
펴낸이 박지나
펴낸곳 지우
출판등록 2021년 6월 10일 제399-2021-000036호
이메일 jiwoopublisher@gmail.com
인스타그램 instagram.com/jiwoopub
페이스북 facebook.com/jiwoopublisher
유튜브 youtube.com/@jiwoopub

ISBN 979-11-93664-11-7　03230

ⓒ 지우

- 이 책의 저작권은 저자 및 저자와 독점 계약한 지우에 있습니다.
- 신저작권법에 따라 보호를 받는 저작물이므로 무단 전재와 무단 복제를 금합니다.
- 이 책의 전부 또는 일부를 이용하려면 반드시 저자와 지우의 동의를 받아야 합니다.
- 잘못 만들어진 책은 구입하신 서점에서 교환해 드립니다.

지우
겸손하고 선한 그리스도인들을 위한
좋은 책을 만듭니다.